◆ 高等院校会展专业教材

◆ 南开大学出版社

◆ 丁　烨　编著 ◆

会展与活动场馆管理运营案例

图书在版编目(CIP)数据

会展与活动场馆管理运营案例 / 丁烨编著. —天津：南开大学出版社，2023.4

ISBN 978-7-310-06330-7

Ⅰ. ①会… Ⅱ. ①丁… Ⅲ. ①展览会－经营管理－案例 Ⅳ. ①G245

中国版本图书馆 CIP 数据核字(2022)第 210146 号

会展与活动场馆管理运营案例

HUIZHAN YU HUODONG CHANGGUAN GUANLI YUNYING ANLI

南开大学出版社出版发行

出版人：陈　敬

地址：天津市南开区卫津路 94 号　　邮政编码：300071

营销部电话：(022)23508339　营销部传真：(022)23508542

https://nkup.nankai.edu.cn

天津午阳印刷股份有限公司印刷　全国各地新华书店经销

2023 年 4 月第 1 版　　2023 年 4 月第 1 次印刷

230×170 毫米　16 开本　11.75 印张　205 千字

定价：48.00 元

如遇图书印装质量问题,请与本社营销部联系调换,电话:(022)23508339

序

2021 年 12 月中旬，上海对外经贸大学博物馆副馆长丁烨老师给我发来她的新作《会展与活动场馆管理运营案例》书稿，让我提些建议，并请我作序。

近年来，中国经济的发展催生了大量的、各种类型的会展活动。场馆作为会展活动的重要载体，是产业发展的基础设施，是激活城市经济文化的先决条件。没有好的会展活动场馆，就无法举办好的会展活动项目，一批又一批新型场馆投资建设，建筑风格各异的会展中心、博物馆、美术馆正成为各地方经济文化发展的"城市名片"。

丁烨老师编著的《会展与活动场馆管理运营案例》一书，分上下篇。上篇聚焦会展与活动场馆运营管理的基本职能，从场馆的发展趋势、场馆的所有权和管理、场馆的财务与人力资源管理、场馆的预订与营销、场馆的运营与服务以及场馆的安全管理等基本职能展开论述，较为系统地对一般场馆运营管理职能进行概述；下篇围绕剧场、民营博物馆、国内国际艺术类博物馆（美术馆）、高校博物馆、图书馆、体育场馆等典型场馆案例展开，一定程度上阐明了不同类型场馆运营的个性问题。

本书的特点是内容翔实，逻辑合理，结构完整，观点清晰。既有一般理论阐述，也有中外会展场馆的案例佐证，较好地把理论与实践、传承与发展、国际与国内等不同关系进行融合创新。该书不仅可以作为会展专业院校的指导教材，也可以作为专业会展场馆从业人员的入门参考，为此，衷心感谢丁烨老师的辛勤付出与汗水。

国际展览业协会（UFI）名誉主席

陈先进

2021 年 12 月 14 日

序

时光荏苒，转眼已是 2022 年夏末。2019 年至今，三年时间，新冠疫情改变了整个世界，也改变了我们的生活——我们放慢脚步，有了更多的时间思考，《会展与活动场馆管理运营案例》正是在这段特殊时光完成的。

自 2006 年进入上海对外经贸大学会展经济与管理专业（中德）以来，作为最早一批教授"会展场馆管理"课程的教师，在一开始接手这门课程的时候，自己的内心也充满着问号：什么是会展场馆？场馆在会展活动发生、会展产业发展的过程中，究竟扮演着什么样的角色？随着时间的推移，这门课已经上了16 年。我的第一本会展场馆类教材——《会展场馆运营与管理》于 2020 年付梓出版（中国旅游出版社）。这本书成为不少兄弟院校会展专业授课教材，在两年的使用过程中，反响还是不错的。但也有不少老师向我反映，书的内容有些条条框框，案例少了些，读起来不够生动。

这不禁令我回想起 16 年前，德方课程合作教师汉斯·盖德博士（Hans Gaida）（前汉诺威会议中心总经理）第一次在上海对外经贸大学（原上海对外贸易学院）讲授"会展场馆管理"课程时，运用上百张场馆彩色照片以及几十个场馆案例，向我们展示了什么是会展与活动场馆。这些照片与案例给当时的自己带来了极大的视觉冲击，震撼之余也对会展场馆的认知更具象化。

随着经济社会的发展，特别是近年来文化活动的兴起，各种文博、商业的跨界合作，极大地丰富和拓展了会展活动的内容与形式，会展场馆也不断被重新定义。此时的会展场馆已再仅仅是传统意义上的商业设施。活动为场馆注入内涵，场馆为活动提供空间。如何更生动地呈现各类会展活动场馆的特点？案例分享是一种不错的方式，这也是本书写作的缘起。

本书的案例源于作者本人大量的实地走访调研以及写作团队细致的资料搜集整理。在这里要特别感谢对本书调研访谈给予大力支持的领导和业界专家，他们是上海文广演艺（集团）有限公司总裁马晨骋、上海国际舞蹈中心总经理张博文、国家会展中心（上海）有限责任公司张文韬、震旦博物馆执行长黄圣智。正是这些业界专家的不吝赐教，本书案例的内容才能如此生动翔实。

感谢上海对外经贸大学会展经济与管理专业的学生：陶城、王强、涂天慧、王畅、施怡晨、牛永飒、马金波、刘舒曼、刘国泰、罗蕴涵、刘思婕、季菲艳，正是他们的努力与付出，整理和翻译了大量的国内外文献资料，为本书奠定了较为厚实的写作基础。感谢震旦博物馆的陈乐定先生，不辞辛劳，为本书拍摄了场馆照片。

感谢国际展览业协会（UFI）名誉主席陈先进为本书作序。陈先进先生不仅为本书作序，还在初稿的基础上提出宝贵建议，让本书得以进一步完善。

特别要感谢的朋友是南开大学出版社王冰副编审，没有王冰老师的极力支持与坚持，这本教材可能就不会出版了。

由于编者水平有限，书中还存在不尽完善之处，敬请学界、业界同仁和广大读者不吝指正，以使本书不断得到修正和优化。

丁烨

2022 年 8 月 17 日

上海对外经贸大学古北校区

目 录

上　篇

会展与活动场馆基本理论

第一章

会展与活动场馆的发展

"馆"一词最早出现在古代希腊和罗马时期。几百年前，人们聚集在广场的中心地带观看比赛、生活娱乐、举行各类宗教仪式、政治仪式等。逐渐地，这些活动的聚集对场地提出了要求，会展与活动场馆的雏形初现。时间跨越了几个世纪，人们聚集在一起的欲望更加强烈，对于不同类型活动的诉求更加丰富。

随着活动种类的增加，现代会展与活动场馆种类丰富，大量资金被用于投资建设各类场馆，既包括专门用于会展商务活动的会展中心、多功能活动场馆，也包括用于文化艺术活动的演艺中心、剧场以及体育场馆等。这些场馆的建造，满足了社会群体对各类活动聚集的物理空间需求。

改革开放四十多年，我国会展业发展伴随着中国经济的腾飞，取得了举世瞩目的成就。会展业被视为城市经济发展的引擎，各地掀起一轮又一轮的场馆建设热潮。会展与活动场馆是会展产业发展的基础，也是各类会展活动得以开展的必要设施，如何科学、高效地运营会展与活动场馆变得越来越重要。

第一节　会展与活动场馆的定义、分类与功能

一、会展与活动场馆的定义

国际场馆管理者协会（International Association of Venue Manager，简称 IAVM）从活动举办的角度定义会展与活动场馆：会展与活动场馆是活动发生的场馆，特别是那些策划的活动（planned event）[①]，包括展览、会议、体育赛

[①] 国际著名节事旅游与活动研究专家唐纳德·盖茨（Donald Getz）教授认为"planned event"是指那些临时发生的，并且有预期开始和结束时间的活动，且都是独一无二的，源于管理、过程、设置以及与人的融合（Planned events are temporary occurrences with a pre-determined beginning and end. Every such event is unique, stemming from the blend of management, program, setting and people）。

事、音乐会等。依照"策划的活动"举办目的定义，可以从两个层面理解会展与活动场馆：首先，会展与活动场馆是从空间上定义的；其次，会展与活动场馆是有计划举办各类活动的场馆，这将会展与活动场馆与那些自发性活动发生的场所明确区分开来。

本书将"会展场馆"拓展到"会展与活动场馆"，是考虑到随着经济社会的发展，会展活动的内涵与外延不断扩大，会展活动的形式与内容也在不断丰富。在中国，一开始大家对会展的理解聚焦于展览、会议等商务类活动，提及会展场馆，首先想到的是展览中心、会议中心等能够容纳专业商务类活动开展的场馆设施。

随着社会经济的发展，物质丰裕到一定程度，人们必将追求精神生活，文化艺术活动成为满足精神需求的出口。场馆是活动的载体，近年来我国积极投资建设各类文化艺术场馆。与欧美各国已形成相对成熟的文化艺术场馆运营体系相比，我国的文化艺术类场馆运营尚处于摸索阶段。本书会展与活动场馆是指那些举办各类策划活动的场馆，建筑的形式是丰富多样的。场馆与会展活动之间的关系，如图 1-1 所示。

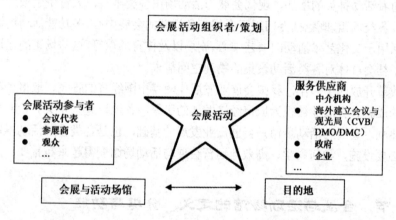

图 1-1　会展活动的利益相关方

二、会展与活动场馆的分类

场馆是会展活动的载体，按会展活动的内容、呈现的形式、软硬件的要求，将会展与活动场馆进行分类。按照场馆使用的"专门性"，我们一般将场馆分为标准场馆和非标准场馆两大类。

标准场馆，是指场馆按使用功能专门用于举办某类活动，如展览场馆专门用于举办展览会，会议中心专门用于举办各类会议等。标准场馆的空间布局、功能设计等都是为了更好地举办各项专门活动。标准化、专业性是此类场馆共同的特点。

非标准场馆，是指那些具备特定用途，但也可以被用作举办其他类型活动的场馆。博物馆是比较具有代表性的非标准场馆。我们知道一般博物馆是进行藏品展示、教育和研究的空间，但近年来，博物馆在非公共开放时段，也被租赁用作一些商业活动，比如品牌发布、大客户招待等，如美国大都会博物馆每年举办的慈善晚宴。

举办活动需要创意，选择与众不同的活动场馆是创意体现的方式之一。越来越多的活动主办方选择有历史文化背景、有艺术人文气息或有地标性建筑来举办各类活动。

要了解会展与活动场馆的发展，首先要了解究竟有哪些活动类型。著名的会展活动学者唐纳德·盖茨（Donald Getz，1997）将会展活动划分为八种基本类型：

文化庆典，包括节日、狂欢节、宗教活动、大型展演、历史纪念活动等。

艺术娱乐活动，包括音乐会、文艺展览、颁奖仪式和其他表演。

会展及商贸活动，包括会议、展览会、展销会、博览会、广告促销、募捐或筹资活动等。

体育赛事，包括职业比赛、业余比赛和商业性体育活动。

教育科学活动，包括研讨班、专题学术会议、学术研讨会等。

休闲活动，包括演唱会、游戏和趣味体育、娱乐活动等。

政治/政府活动，包括就职典礼、表彰大会、群众集会等。

私人活动，包括个人活动，如周年纪念、家庭假日等；社交活动，如私人舞会、家庭聚会、同学或亲友联欢会等。

按照唐纳德·盖茨的会展活动分类，兼顾会展活动特点，可将会展与活动场馆归纳为以下九种类型：

1. 会展中心

会展中心是指拥有大面积展览区域的室内展馆，辅以不同规格的会议室。国际上，会展中心也可指展览中心。场馆里举办的典型活动包括贸易类展览、消费类展览、各类会议、宴会以及重要的地区性活动。会展中心大部分为展厅区域。一般来说，展厅面积在1万平方米或以上的连续平地面积，厅内天花板高度达8米至10米。

2. 演艺中心

演艺中心又称文化中心，是指在一片开放的建筑区域，围绕有固定或可变动坐席的室内场馆。建筑区域拥有不同活动所需的配置，如永久性舞台或可移动舞台。演艺中心举办的活动包括演唱会、篮球比赛、音乐会、冰上表演、马戏表演等。演艺中心也能举办一些小规模的临时性会议或展览，但一般不作为会议或展览的首选场馆。

3. 露天剧场

露天剧场是指拥有永久性舞台的户外场馆。坐席配置可以是固定的永久性坐席或者草坪坐席。露天剧场举办的典型活动包括户外音乐会、舞台表演和社区活动等。

4. 礼堂

礼堂与剧院类似，是举行典礼或集会的厅堂，场馆内举办的典型活动包括小型音乐会、社区活动、观看电影以及舞台表演等。

5. 会议中心

一般来说，会议中心是为举办各类会议而设计建造的场馆。会议中心通常为各类论坛、研讨会、大型会议提供先进的设备设施，且提供住宿与餐饮服务。

6. 音乐厅或剧院

音乐厅或剧院是指艺术表演的场馆，一般在室内，通常在圆形地面上有若干类型的永久性舞台和坐席，举办的典型活动包括音乐会、戏剧、舞蹈、歌剧、舞台演出和其他艺术活动等。

7. 体育场

体育场是指拥有露天的或有穹顶的大型场地，体育场四周有固定座位或露天看台。举办的典型活动包括足球赛、棒球赛、田径赛、大型音乐会、大型演出以及市民活动等。

8. 特定活动场馆

特定活动场馆是指专门用于某类活动的场馆，例如赛车场、网球场、游泳馆、赛马场等室内或室外场馆。

9. 非标准场馆

非标准场馆是指活动策划者为某项活动挑选的异于常规的场馆。这些场馆通常用于其他功能，但经过策划与装饰，可以用于特定的会展活动。非标准场馆按室内和室外可以分成两类，如表1-1所示。

近年来，我国各地投资建设各级、各类会展与活动场馆。场馆在城市发展过程中扮演着极为重要的角色，如何科学、专业及高效地运营一座场馆，不仅涉及场馆本身的投入产出，更是地方经济发展、社会进步的主要标志。

表 1-1　非标准场馆

室内非标准场馆	室外非标准场馆
大学或学院礼堂	广场、街道
标志性建筑物	公园或花园
博物馆或艺术馆	大桥
仓库	沙滩
购物中心	湖畔
工业厂房	乡村
火车站	跑道
飞机场	临时帐篷
船舶（邮轮）	

三、会展与活动场馆的功能

会展与活动场馆不是单一目的的运营。会展与活动场馆的管理机构和管理人员，需要对那些以动态形式影响场馆管理的各类因素有全面的了解，同时掌握一定的技能，具备会展与活动场馆管理的能力，成功地管理和运营会展与活动场馆。综观各类会展与活动场馆，无论因何种目的建造，还是如何投入使用，场馆运营归纳起来一般具备以下九大核心功能：

1. 行政管理

会展与活动场馆的行政管理，是指包括总经理在内的所有管理人员，行使对场馆管理的各项日常职能。例如总经理要协调场馆运营的各种资源，满足场馆运营管理的各类需求。

成功的场馆管理者不仅掌握场馆的日常运营，还要为场馆的未来和员工制定目标与愿景。管理者必须有能力将这些对未来的展望传达给场馆的所有者和整个组织机构。没有这些展望和传递展望的技巧，场馆会滞后于行业的发展趋势，失去在市场中的竞争优势。

2. 财务管理

会展与活动场馆财务管理内容包括预算制定、经费落实、采购、资产管理、库存控制以及审计。无论何种类型的场馆，都需配备专人专岗，负责场馆财务工作，内容涵盖场馆收入核算（如场租、服务费和停车费）、银行存款、银行报表核对以及活动完成后的财务结算等。

3. 场馆预订管理

场馆预订旨在最大限度发挥和维护场馆的"时间"和"空间"。场馆预订管理是场馆时间合理规划利用的重要手段。场馆预订管理既不能破坏场馆日历，同时要建立预订优先权。

4. 场馆营销管理

无论何种类型的会展与活动场馆，有效地运用广告等营销推广手段，对场馆运营都是极其重要的。场馆营销可以理解为为场馆寻找和识别潜在业务的过程，也可以是为预订活动达成协议的过程。一般而言，会展与活动场馆的营销对象分两类：一类是活动的承办方、非营利的社区组织以及专业的活动策划者，场馆向他们出售场馆的"空间"和"时间"，以保证场馆能被各类活动所"填满"；另一类是活动的参与者。

5. 票务管理

随着经济和科学技术的发展，票务管理也发生了巨大的变化。场馆出票从早期的彩色编码或编号的陶片、特别铸造的硬币、预打印门票到计算机化的电子票、现代条码技术的使用等，不论是哪个阶段，场馆管理者通过票务服务，对场馆进行财务管理和库存管理。门票发行可以帮助场馆经理解决部分管理问题，如场馆的入场管理和人流控制等，并为参与展示和管理活动的各方提供一定的财务支持。对场馆访问进行控制时，门票成为一种安全、高效的管理措施，还能将场馆和活动的某些具体信息，如场馆地址、活动举办的时间等直接传达给客户。

剧院的票务经理与活动主办方密切合作，通过评估座位的空间，进行差别定价。互联网和门票分销的电子化改变了场馆向客户提供票务服务的方式。

6. 配套服务管理

会展与活动场馆如果是以营利为目的进行运营，那么最根本的目标就是提高收入。除了场租以外，配套服务的收入占场馆运营收入的比重越来越高。场馆提供最常见的配套服务包括餐饮服务、商品销售、设备租赁、货物装卸、公用事业服务、停车服务、电话和互联网连接、装饰服务以及活动营销和广告等，这些配套服务都能给场馆带来收入。场馆配套服务的范围广、规模大。在确保场馆租赁方活动成功举办的同时，提供新颖且优质的配套服务，客户活动体验得到了优化，可以增加会展场馆的总收入。

7. 场馆维护管理

会展与活动场馆维护管理包括三部分内容：场馆建筑物的维护和保养、场馆设备的维护和维修以及场馆周边公共设施的维护。场馆的维护管理由运营部负责，包括工程、供暖、通风和空调等一般设备设施的维护，公共区域使用管理以及安全和安保。在整个场馆维护过程中，场馆的物业管理显得至关重要。场馆物业管理是确保各类活动开展的基础保障，特别是对于那些多用途的场馆，上一场还在进行篮球比赛,下一场马上举办演唱会;前一天是一场贸易类展览,后一天就是全球直播的高端医疗论坛。不同类型活动的频繁切换,场馆的物业管理面临极大的挑战。

8. 活动现场管理

对于场馆来说,要想在活动现场管理方面获得成功,场馆运营的各方必须同时高效工作,确保每个细节都在掌握之中。而活动现场的每个细节,直接影响活动参与者的体验,对活动的成功举办产生深远的影响。例如,餐饮服务必须保证能按计划的时间和地点提供数量充足的食物和饮料;安保问题必须得到及时解决;停车和交通管理方面,确保客人尽可能又快又安全地进出;活动人员必须接受培训,懂得如何迎接客人、处理座位,并掌握紧急情况下的安全程序。

9. 安保管理

无论什么类型的活动,场馆管理的底线是确保客人、用户和员工的安全。场馆运营方和管理者必须高度重视安保管理。在日常管理工作过程中,对员工进行安全培训,将风险或事故发生的可能性降到最低。更重要的是,场馆方必须制定切实有效的安保应急预案,在各类突发情况下,自下而上地有效执行应急预案。

第二节　我国会展场馆发展历程

我国会展与活动场馆发展早期,主要是展览场馆的投资与建造,为消费类和贸易类展览会提供举办的场所。20 世纪初期,我国就举办过几次具有现代特征的博览会和贸易展览会,如北京的"劝工陈列所"、南京的"南洋劝业会"、上海的"中华国货展览会"、杭州的"西湖博览会"等。

中华人民共和国成立初期,贸易型展览会发展缓慢,只有个别展览会仍有一定的贸易性质,如中国进出口商品交易会因在广州举办,简称"广交会"。改革开放后,社会主义市场经济推动了展览业获得极大发展,使之逐渐走上规模化、专业化的道路。这里将中国会展业发展划分为五个阶段,即萌芽阶段、起步阶段、积累阶段、飞跃阶段和升级阶段。

一、萌芽阶段（1949 年—1978 年）

中华人民共和国成立后,会展业萌芽初现,呈现了一系列"第一":

1949 年 11 月 4 日第一个国内展览——天津工业展览会在天津举办。

1950 年 1 月 1 日上海第一个展览——华东区农业展在跑马厅广场举办。

1951 年 3 月我国组织参加了第一个出国展览——德意志民主共和国的莱比锡（春季）博览会。

1952 年 5 月 4 日中国第一个展览机构——中国贸促会成立。

1953 年，中华人民共和国成立后接待的第一个来华展览会——德意志民主共和国工业展览会在北京劳动人民文化宫举办①。

1954 年建成的北京苏联展览馆②及 1955 年完工的上海中苏友好大厦是中国第一批展览场馆③。

1956 年 12 月中国贸促会派员以观察员身份参加在捷克斯洛伐克布拉格举行的"社会主义国家展览技术工作会议"，这是我国第一次参加国际展览会议。

1959 年 3 月，周恩来总理对《国务院关于出国经济展览会工作的指示》做出批示，这是我国第一次出台关于展览工作的文件。

创办于 1957 年的中国进出口商品交易会，又称广交会。广交会作为我国对外贸易的重要窗口，由商务部和广东省人民政府联合主办，每年春秋两季在广州举办，中国对外贸易中心承办，是中国目前历史最长、规模最大、商品种类最全、到会采购商最多且分布国别地区最广、成交效果最好、信誉最佳的综合性国际贸易盛会④。

这一阶段的中国会展业发展呈现以下几个特征：第一，展览的组织与举办主要是政府行为，都是按照国家计划实施的；第二，无论是来华展还是出国展，都有政治和经济的双重目的，展会类型主要是成就展和经贸展两大类；第三，对我国展览影响较大的是以苏联为主的社会主义国家。这一时期的广交会，作为中国最重要的展览会之一，为我国出口做出重大贡献。

二、起步阶段（1978 年—1989 年）

改革开放以来，随着我国经济体制改革的不断深入和对外开放的不断扩大，中国展览业迎来了快速发展的时期。1978 年，中国贸易促进委员会在北京成功举办了"十二国农业机械展览会"，这是我国首次举办国际性展览会，标志着中国展览业由起步期的"单国展览时期"向"国际展览时期"过渡。1982 年 8 月 26 日，经国务院批准，中国国际贸易促进委员会、对外经济贸易部、外交部《关于出国举办经济贸易展览会若干问题的规定》和《关于接待外国来华经济贸易与技术展览会若干问题的规定》出台⑤。这些文件的出台标志着我国展览业法治化、

---

① https://www.sohu.com/a/355127676_120412368。

② https://baike.baidu.com/item/北京展览馆/1812755。

③ https://baike.baidu.com/item/中苏友好大厦/10498919。

④ https://cief.cantonfair.org.cn/html/cantonfair/cn/about/2012-09/119.shtml。

⑤ https://www.chinatradenews.com.cn/epaper/content/2019-09/26/content_63214.htm。

规范化的开端。

这一时期的展览活动对展览场馆有了要求，专业展览场馆开始投资建造。中国国际展览中心（朝阳馆）始建于 1985 年，被评为北京 20 世纪 80 年代十大著名建筑之一[①]。1985 年 2 月 12 日深圳国际展览中心获得建立批准，拉开了深圳展览业发展的帷幕，深圳展览业在全国率先走上市场化之路[②]。

这一阶段是中国展览业的起步阶段，展览会数量少，组织水平和专业化程度相对较低。但政府已经意识到需要配备专业的场馆支撑展览业的发展，开始投资建造展览场馆。

三、积累阶段（1990 年—1999 年）

随着我国经济的发展，现代工业聚集，一线城市如上海、广州、北京的展览业迅速崛起。1990 年上海举办的国际展览会只有 40 个，展览面积 10 万平方米；1999 年上海举办的国际展览会有 150 个，展览面积达到 80 万平方米，10 年时间展览规模翻了 8 倍。

从 90 年代末开始，除上海、北京和广州等展览业初具规模以外，全国明确提出将展览经济作为新的经济增长点的城市多达 40 个，其中包括：环渤海经济圈的天津、大连、廊坊；珠三角经济圈的深圳、东莞等；长三角经济圈的宁波、杭州、苏州、南京等，这些城市已开始将展览业作为城市经济发展的重点。

此阶段，掀起一轮展览场馆建设的高潮，如上海世贸商城、苏州会议中心、浙江世贸中心、安徽省农业展览馆、大连星海会展中心等都是这一时期建设完成的。这一时期展览场馆的主要特点是展览空间相对较小，大部分展馆的室内展出面积在 5 万平方米以下。

投资建造方开始意识到会展场馆多功能的重要性。这一时期的会展场馆建设开始配备会议厅。然而，此阶段会展场馆的区位选址、停车场等配套设施建设还是缺乏科学合理的规划。事实证明，这一时期建造的场馆，随着经济社会的发展，活动需求的多元化，在进入 21 世纪以后，已无法满足会展活动的需求。

这一时期是我国展览业发展的积累阶段，展览会数量逐渐增多，展览业法规条例不断完善，展览企业组织逐步增加，国际展览会比例逐渐增大，展览中心数量不断上升，展馆面积不断扩大，这些都为我国会展业发展奠定了良好的基础。

四、飞跃阶段（2000 年—2010 年）

进入 21 世纪，我国展览业日趋专业化、国际化、品牌化。北京、上海、大

---

① http://ciec-expo.com/ciec/ciecexpo/channels/2413.html。

② https://baike.baidu.com/item/深圳国际展览中心。

连、珠海等城市涌现出如"国际纺织机械博览会""国际机床展览会""国际汽车展览会""大连时装博览会""珠海航空博览会"等一批在亚洲乃至世界有一定影响力的国际品牌展览会。展览业已渗透到各个行业领域，如机械、电子、汽车、建筑、纺织、花卉、食品、家具，各行各业都有自己的国际专业展。

2000年后，全国掀起展览场馆建设新高潮，2001年开业的上海新国际博览中心，室内展出面积20万平方米，成为当时上海室内展出面积最大的会展中心；广州的中国进出口商品交易会琶洲展馆同时期建成，室内展出面积近34万平方米。其他城市的会展中心纷纷开始建设，如苏州国际会展中心、宁波国际会展中心、芜湖会展中心、东莞国际会展中心、天津滨海国际会展中心、郑州国际会展中心等。

这一时期的会展场馆呈现场馆体量更大，设施设备更专业化，选址在城市新区，展览与会议综合功能结合，开始注重场馆外观的设计等特点。

五、升级阶段（2011 年至今）

近十年来，会展活动呈现规模化、多元化、综合化的发展趋势，已有的场馆无法满足活动需求，各地方政府发现或是新建场馆，或是对原有场馆进行升级改造。与德国先期预留规划用地，场馆分阶段扩展空间的模式相比，大部分国内场馆建设的空间规划采用与地区新城发展相结合，即重新选址的发展模式。在场馆建筑设计上，更加注重场馆建筑地标性外观的打造。2015年建成并投入使用的国家会展中心（上海）一跃成为世界第二大展览场馆，这座场馆的外观呈现四叶草造型，极具特色。

这一时期会展场馆的特点是规划面积大，综合性强。山东以 183.4 万平方米室内展出面积位居第一位，广东和浙江分别位列第二、第三。2011 年以来各地新增多个大体量展馆，如 2021 年投入使用的国家会展中心（天津）（室内外展览总面积 55 万平方米）、珠海国际会展中心（室内展出面积 9.75 万平方米），部分数据如表 1-2 所示。

表 1-2　2011 年以来我国各城市新增会展中心数据

序号	城市	会展中心	展览面积（平方米）	投入使用时间/竣工时间
1	珠海	珠海国际会展中心二期（在建）	4 万	2022 年
2	厦门	厦门翔安新会展中心（在建）	30 万	2022 年
3	郑州	郑州新国际会展中心（在建）	18 万	2022 年

续表

序号	城市	会展中心	展览面积（平方米）	投入使用时间/竣工时间
4	北京	金海湖国际会展中心	4.8 万	2021 年
5	天津	天津国家会展中心	50 万	2021 年
6	西安	西安丝路国际会展中心	20 万	2020 年
7	海口	海南国际会展中心二期	7.5 万	2020 年
8	南京	南京空港国际博览中心	20 万	2020 年
9	深圳	深圳国际会展中心	50 万	2019 年
10	深圳	深圳坪山燕子湖国际会展中心	2 万	2019 年
11	北京	北京世园会展馆（中国馆、国际馆）	4.5 万	2019 年
12	厦门	厦门佰翔会展中心	3 万	2019 年
13	南昌	江西国际汽车会展中心	20 万	2019 年
14	石家庄	石家庄国际会展中心	10 万	2018 年
15	成都	中国西部国际博览城	30.5 万	2017 年
16	武汉	中国光谷科技会展中心	2.1 万	2017 年
17	沈阳	沈阳新世界博览馆	2.4 万	2017 年
18	北京	亦创国际会展中心	4 万	2016 年
19	北京	国家会展中心	60 万	2016 年
20	长沙	长沙国际会展中心	17.8 万	2016 年
21	南昌	南昌绿地博览中心	30 万	2016 年
22	杭州	杭州国际博览中心	9 万	2016 年
23	昆明	滇池国际会展中心	30 万	2015 年
24	北京	雁栖湖国际会展中心	8 万	2015 年
25	苏州	苏州广电国际会展中心	3 万	2015 年
26	杭州	杭州云栖小镇国际会展中心	2 万	2015 年
27	珠海	珠海国际会展中心	26.9 万	2014 年
28	重庆	重庆国际博览中心	20 万	2013 年
29	深圳	深圳中亚会展中心	20 万	2013 年
30	郑州	南丰国家会展中心	2.5 万	2013 年
31	武汉	中国（武汉）文化会展中心	10 万	2013 年
32	澳门	澳门会展中心	3 万	2013 年
33	杭州	浙江新农都会展中心	2.5 万	2012 年
34	贵阳	贵阳国际会议展览中心	12 万	2011 年
35	武汉	武汉国际博览中心	18 万	2011 年

资料来源：根据网上数据整理。

会展与活动场馆呈现多元化发展趋势，会议中心、演艺中心、体育馆、多功能活动中心、会展综合体等建筑形态迅速发展。北京的凯迪拉克中心由 2008 年北京奥运会后的五棵松体育馆改建而成，上海梅赛德斯奔驰文化中心由 2010 年上海世博演艺中心改建而成。这两个场馆是国内首批具有国际管理水平和设备设施的多功能文化中心。2009 年底改造升级的国家会议中心，最大的会议室可同时容纳 5100 人开会，兼顾会议、展示以及住宿等多种功能。

这一时期会展与活动场馆具有规模更大的体量设计、先进的设备配套、综合性的服务设施等特点，各城市都致力于打造集展览、会议、活动、商业、住宿、休闲于一体的大型会展综合体，演艺中心、剧场、体育馆等专业活动场馆的建设与管理更具专业化。绿色可持续和高科技也正成为这一时期场馆建设的关键词。

第三节　会展与活动场馆的发展趋势

场馆是活动的空间载体，是举办各类活动的必备条件，是会展产业发展的基础设施，任何国家的会展业发展都离不开场馆建设。综观会展业发达的国家，其场馆发展历程，呈现以下三大趋势。

一、会展与活动场馆向大体量、综合性发展

欧美国家的活动场馆多从展览场馆演变而来，随着世界经济的快速发展，展览会规模变得越来越大，各地展览馆不断扩建，大型展览馆主要集中在欧洲以及中国和美国。据德国经济展览和博览会委员会（AUMA）统计资料显示，截至 2019 年，国际上室内展出面积超过 20 万平方米的展馆共计 20 个，中国有6 个，德国有 5 个，如表 1-3 所示。

表 1-3　全球超 10 万平方米会展场馆（数据截至 2019 年）

场馆名称	所在国家	所在城市	室内场馆面积（平方米）
国家会展中心（NECC）（上海）	中国	上海	400,000
法兰克福展览中心	德国	法兰克福	393,838
汉诺威展览中心	德国	汉诺威	392.453
米兰国际展览中心	意大利	米兰	345,000
广州琶洲国际会议展览中心	中国	广州	338,000
昆明滇池国际会展中心	中国	昆明	300,000
科隆国际会展中心	德国	科隆	284,000

场馆名称	所在国家	所在城市	室内场馆面积（平方米）
莫斯科克洛库斯国际展览中心	俄罗斯	莫斯科	254,960
杜塞尔多夫展览中心	德国	杜塞尔多夫	248,580
巴黎会展中心	法国	巴黎	242,082
麦考密克会展中心	美国	芝加哥	241,549
巴塞罗那国际会展中心	西班牙	巴塞罗那	240,000
瓦伦西亚会展中心（Feria Valencia）	西班牙	瓦伦西亚	230,837
巴黎凡尔赛门国际展览中心（Paris expo Porte de Varsailles）	法国	巴黎	219,759
慕尼黑展览中心	德国	慕尼黑	200,000
重庆国际会展中心	中国	重庆	200,000
博洛尼亚会展中心（Bologna Fiere）	意大利	博洛尼亚	200,000
马德里会展中心（IFEMA）	西班牙	马德里	200,000
上海新国际博览中心（SNIEC）	中国	上海	200,000
青岛国际博览中心	中国	青岛	200,000
奥兰治城会议中心（Orange County Convention Center Orlando）	美国	奥兰多	195,096
伯明翰国际会展中心（The NEC Birmingham）	英国	伯明翰	186,000
拉斯维加斯会议中心	美国	拉斯维加斯	180,290
纽伦堡展览中心	德国	纽伦堡	179,600
柏林展览中心	德国	柏林	170,000
维罗纳展览中心（Verona Fiere）	意大利	维罗纳	151,536
武汉国际博览中心	中国	武汉	150,000
毕尔巴鄂展览中心（BEC Bilbao Exhibition Center）	西班牙	巴拉卡尔多	150,000
华沙会展中心（Ptak Warsaw Expo ）	波兰	华沙	143,000
巴塞尔展览中心	瑞士	巴塞尔	141,000
巴革（IMPACT）会展中心	泰国	曼谷	140,000
帕尔马展览中心（Fiere di Parma）	意大利	帕尔马	135,000
佐治亚世界会展中心	美国	亚特兰大	130,112
里昂欧洲展览中心（Eurexpo Lyon）	法国	里昂	130,000
里米尼展览中心（Rimini Fiera）	意大利	里米尼	129,000
休斯敦 NRG 公园（NRG Park）	美国	休斯敦	120,402
义乌国际博览中心	中国	义乌	120,000
肯塔基国际会展中心	美国	肯塔基	120,000
图耶普伊斯坦布尔会展中心	土耳其	伊斯坦布尔	120,000
斯图加特展览中心（Messe Stuttgart）	德国	斯图加特	119,800

续表

场馆名称	所在国家	所在城市	室内场馆面积（平方米）
迪拜国际展览中心	阿联酋	迪拜	118,996
罗马会展中心	意大利	罗马	118,910
布鲁塞尔会展中心	比利时	布鲁塞尔	114,445
莱比锡展览中心	德国	莱比锡	111,300
布鲁诺会展中心	捷克	布鲁诺	110,921
埃森展览中心	德国	埃森	110,000
波兹南会展中心	波兰	波兹南	110,000
成都国际会展中心	中国	成都	110,000
韩国国际会展中心	韩国	首尔	108,556
北京新国际展览中心（NCIEC Beijing）	中国	北京	106,800
日内瓦会展中心（Palexpo Genf）	瑞士	日内瓦	106,000
沈阳国际会展中心（SYIEC）	中国	沈阳	105,600
莫斯科国际会展中心	俄罗斯	莫斯科	105,000
深圳国际会展中心（SZCEC）	中国	深圳	105,000
新奥尔良厄内斯特会议中心	美国	新奥尔良	102,230
路易斯维尔肯塔基展览中心	美国	肯塔基	102,193
新加坡展览中心	新加坡	新加坡	101.624
长春国际会展中心	中国	长春	100,000
苏州国际博览中心	中国	苏州	100,000

资料来源：WWW.auma.de。

场馆规模不断扩大，会展场馆的建造与设计充分考虑现代会展活动多元化的需求，逐步向多功能发展。场馆的规划与设计从原有的单一展览区域，向集会议、展览、活动乃至商业会展综合体延伸。

二、会展与活动场馆的绿色可持续发展

绿色场馆是当今世界会展与活动场馆可持续发展的必然趋势。场馆的绿色可持续发展体现在几个方面：绿色环保的场馆建筑设计、场馆运营过程中能源的可再生利用以及对公共设施的利他性使用等。

在场馆建设过程中，环保节能材料的使用、自然采光、节能照明、雨水收集、太阳能收集、材料循环利用、三废排放等环节的设计都要靠技术和设备的支撑，绿色场馆的设计取决于技术的选择与使用。根据国际大会与会议协会（International Congress and Convention Association，简称 ICCA）在 2017 年发布的《绿色场馆报告》，通过实施能源、废物、节水技术或项目使场馆建设节省了数百万美元，例如将传统街灯换成发光二极管（LED）灯泡等。

绿色场馆的食物控制是可持续发展的第三个重要部分。场馆方从食品生产方采购食物，减少食物浪费，合理规划活动参与者所需食物的准确数量，控制成本，进行有效的食品管理。

三、会展与活动场馆的数字化、智慧化发展

会展与活动场馆已不是单纯的活动空间供给，随着科学技术的发展、大数据的广泛应用、人工智能的普及，会展与活动场馆的管理运营过程，数字化思维、智慧化发展是大势所趋。

会展与活动场馆数字化、智慧化管理体现在以下三个方面：

第一个方面是票务系统管理的数字化、智慧化。在场馆票务系统设计的过程中，实现计算机售票、检票、汇总、统计、报表、防伪、客流控制等管理功能以及自动检票模块的设计。

第二个方面是场馆现场管理的智慧中控系统设计与使用，采用集中管理与控制展馆内的视频显示、音响、灯光、展品等设备；在开馆、闭馆时通过终端开启、关闭所有视频、展品、灯光、音响的电源；采用安全检测系统进行视频监控、防盗报警、紧急逃生、出入口控制（门禁）、汽车停车场管理及访客对讲管理；无线射频、蓝牙或红外技术与音频、视频相结合，通过讲解屏、电子导览、音响系统等，增加活动参与者的体验与互动。

第三个方面是线上虚拟展馆的普及与发展。除了会展场馆的现场管理以外，线上的互动成为重点。越来越多的场馆通过数字科技馆软件系统设计开发，移动终端如微博、微信公众号等模块设计开发，实现观众在手机或平板电脑上与场馆更多地互动，更便捷地获取信息，大大提高了用户体验。

第二章

会展与活动场馆的所有权和管理

　　会展与活动场馆的所有权因场馆类别不同而各异。大部分的会展场馆为公共所有，但随着投资多元化，出现越来越多的私人场馆。会展与活动场馆与其他机构相比，运营的特殊之处在于，即使场馆属于私有，也能从当地的公共部门获得某种形式的财政补贴，例如提供基础设施和税收减免等。对于私人所有的场馆而言，能够承担场馆所有运营成本和费用比较困难。

　　会展与活动场馆的管理形式多种多样，包括公共的、私人的、第三方委托的，也可以是三者的任意组合。无论最终选择什么样的管理形式，管理必须是高质量的，管理理念与模式是从商业角度出发的，且结合公共属性，只有这样会展场馆才能取得成功。

　　会展与活动场馆最大的挑战是如何成功地组织活动。这看起来简单，但做起来很难。事实上，几乎每个场馆管理者都要受到来自各方的压力，包括活动时间安排的最大化、活动创造收入的最大化等。场馆使用"潮汐"性的特点，使得场馆人员的安排变得非常困难。不同类型的活动对工作人员的数量有不同要求。场馆管理者必须根据不同类型的活动，进行合理安排，如在活动开始前的晚上、周末和假期，激励全职员工延长工作时间从而保证活动的顺利举办；合理调度兼职员工和有空闲的合同员工等。此外，对所有活动参与员工的培训尤为重要，让他们了解在活动过程中的工作职责，在任何时候都要以服务客户为导向，了解客户的需求。

　　本章的重点是了解会展与活动场馆不同所有权和管理模式的特点，以及成为成功场馆管理者的必要技能和所面临的挑战。

第一节　会展与活动场馆所有权分类

在我国，目前大部分会展场馆都是公共所有，只有少部分为私人所有。但因资料搜集的有限性和数据公布的准确性，本节我们以国际场馆管理协会（International Association of Venue Management，以下简称 IAVM）公布的资料作为参考，对会展与活动场馆所有权分类进行解读。

一、公共所有权

大部分会展与活动场馆由各级政府投资、建设和管理。场馆建设的成本，加上基础设施成本，使得私人企业很难在没有资助的情况下承担开发费用。根据 IAVM 资料显示，北美地区 45% 的场馆所有权属于场馆所在城市，15% 的场馆所有权属于所在州，如图 2-1 所示。

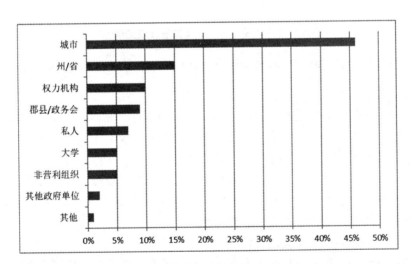

图 2-1　北美地区会展场馆所有权分布

资料来源：IAVM 2014 Salary Survey and 2014 Operating Expense & Revenue Survey。

政府使用公共财政投资会展与活动场馆，减免相关税收。国内外各级政府都将会展与活动场馆及其配套设施的投资建设，作为拉动城市经济的重要来源。国际经验显示，会展与活动场馆的管理和运营因目的地城市而不同，但是场馆管理职能通常由城市或国家的管理者或首席行政长官担任，通常是市长，据 IAVM 统计，北美地区 37% 的会展场馆为公共所有，如图 2-2 所示。

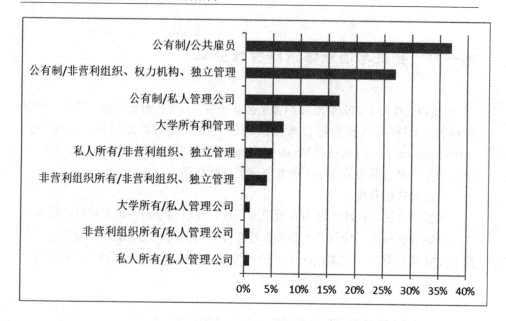

图 2-2　北美地区会展场馆管理权结构

资料来源：IAVM 2014 Salary Survey and 2014 Operating Expense & Revenue Survey。

二、私人所有权

在某些情况下，会展与活动场馆为私人组织所有。大多数情况下，场馆业主也拥有专营权，是主要的租户。即便是私人拥有，这些场馆也经常会从当地政府获得某种形式的财务补贴。这些补贴会以减少税收负债、投资公共基金或开发基础设施的形式体现。除了那些房地产专业体育专营权，场馆里也有一些私有制的例子，而且其中有一些私有场馆的主要租户不是专业团队，例如剧院，特别是在大城市，它也往往是私人拥有的。

三、公共所有权与私人所有权

会展与活动场馆无论是私人所有还是公有所有，两种所有权形式都可以使场馆运营获得成功，但也可能导致场馆经营的失败。重要的是，场馆可以为其业主和当地的城市带来价值，实现目标。一般而言，私人拥有的场馆往往更侧重于经济回报，但不同于一般的私人所有企业，场馆的业主方也会认识和理解场馆社会影响力的重要性。同样，公共所有的场馆不仅可以满足城市经济和社会文化的需要，作为生活质量的增强器和当地经济的引擎，经济功能也十分重要。

四、学术机构所有权

大学或研究院等学术机构，无论是公有的还是私人的，都拥有并经营一些场馆，如艺术中心、体育场馆和会议中心等。尽管特定场馆的行政责任会下放给适用的部门（如学生事务中心、辅助服务部门、商业或体育机构），高校场馆的管理也可能委托给由场馆、行政部门或学生团体选举或指定代表组成的顾问委员会。最终管理权仍掌握在大学校长或校董事会的手中。

第二节　不同所有权场馆的管理特点

一、政府部门管理的场馆

由政府部门管理的场馆的组织结构，类似于城市服务的政府部门，如公共安全、交通或公共工程等部门。在我国，这更像为国有企业运营的场馆。场馆总经理像一名公职人员，场馆经理向上级主管部门汇报。场馆经理的级别与其他部门的负责人相同。场馆经理必须依靠政府其他部门来提供许多业务和运营职能，如采购、发放工资、招聘和雇佣，以及支付账单等。

二、学术机构管理的场馆

学术机构如高校、研究院等，拥有一定数量与规模的活动场馆。一般而言，大学的场馆如果规模足够大的话，学校可能成立一个独立的部门，进行场馆的运营与管理。当然也有学术机构选择雇佣专业公司进行管理。场馆负责人要遵守学术机构的规章制度和程序进行所有商务活动，大部分情况下，我国的大学都属于事业单位，因此在运用此类场馆的时候，要兼顾校内场馆使用权益和校外活动的商业化运作。

此类场馆的好处在于场馆运营成本相对低。因为大学其他部门可以提供相关支持服务，如会计、人员、采购、工资、停车、保安以及与外部服务供应商签订合同等。大学的活动场馆一般包括以下几种类型：

- 音乐、舞蹈和戏剧等艺术部门的剧院、音乐厅和表演艺术中心。
- 会议场馆。
- 学校博物馆、美术馆等文化艺术场馆。

无论具体的管理结构如何，大学校园内形式多样的活动场馆不仅为学生、教师、工作人员和校友服务，还可以为所在社区的居民服务。

大学投入大量的物力和人力建造及运营此类场馆，目的在于：

- 提升学校的声望。一所大学如果能拥有好的场馆，不仅可以举办和承办各类文化、艺术、体育活动，有助于招募和留住更高水平的学生和运动员。这些场馆也提供了更多的机会来吸引校友的关注与支持。
- 搭建校内校外的交流平台。场馆举办多样化的活动，能够吸引更多观众。这些大学校园内的场馆有助于增加学生报考学校的吸引力。同时与社会各界进行更多的互动，从而获得赞助、学术研究资助、学生实习和工作机会。
- 为校内学生打造活动空间。鼓励和吸引更多的校内学生和社团开展丰富多样的文化艺术活动，丰富校园生活，提升校园精神面貌。
- 增加学校的社会性收入。学校各类场馆对社会开放，收取一定的租赁费用，增加学校的社会性收入。在这个方面一定要注意平衡好校内与校外活动场地使用的关系和优先等级。

三、第三方公司管理的场馆

当场馆的公共管理无法达到经营目标时，西方国家的场馆业主或政府会选择第三方公司管理场馆。场馆的经营目标包括实现营业利润和提供更合理的活动计划日程表。如果现行的管理不能达到目标，那么私人管理是一种选择。

所谓私营管理公司协议，是业主或公共机构向有资质的管理公司提出要求，通过一系列的筛选流程，选出符合场馆需要的管理公司。使用私营管理会在一定程度上给业主或公共机构增加成本，因为业主需要支付一定的管理费用。但是这样做的好处是，业主可以通过与专业的私营企业合作进行有效的场馆运营与管理，此时增加的收入和减少的支出，可以抵消所产生的雇佣成本。

场馆业主方支付管理机构的费用包括两部分：一是基本管理费，二是激励收入。这些费用都会体现在场馆的经营预算上。如果场馆委托管理的企业能够实现以下目标，一般会获得第二部分的激励收入：
- 获得超过约定营业收入的利润。
- 降低超过约定金额的运营成本。
- 增加场馆的年度出租率。
- 增加场馆总的特许销售。
- 增加酒店或旅馆税后销售额。
- 维护场馆的优越条件。
- 积极的客户满意度调查。

公共属性的场馆雇佣第三方管理公司在有些国家是有相关法律规定的。如美国，如果场馆的资金来源是免税债券，那么债券律师（bond counsel）有权审查场馆的私营管理协议，以确保没有违反国税局的规定。

无论是公有还是私有的会展与活动场馆，由于委托第三方管理的场馆较少受地方政府的影响，一般而言，会显得更加市场化、更具有活力。当遇到竞争性活动时，私营管理的场馆往往比公共管理的场馆受到更少的限制。私营管理公司更倾向于关注最终收益，这也是场馆业主或管理机构选择私营管理公司的主要原因。

四、公共管理与私营管理的比较

公共管理还是私人企业管理，哪一种模式能够有效地对会展与活动场馆进行管理，无法简单判断，因为每个场馆都有各自的特点。选择哪一种类型的场馆管理机构必须综合考量内部和外部因素。管理机构被授权管理时，必须想清楚，业主方期望场馆实现什么样的目标，以及业主方愿意授予实体多少管理权力。如果采用私营管理的方式，公共机构必须确定所需要的运营开支是否能够实现有效的产出。

采用私营管理时，比较常见的问题是，业主失去了对场馆经营的控制权。此时，业主方与运营方的合同或协议用来明确权责的条款就变得尤为重要。为避免业主失去对场馆经营的控制权，在私营管理委托协议中，场馆业主可以保留对以下内容的审核：

- 年度运营和资本预算。
- 场馆管理者候选人。
- 场馆预订、日程安排和租金率。
- 长期及主要的租户租赁。
- 重大合同的签订。
- 涉及财务风险的内部推广和协同管理。
- 场馆财务和审计。

第三节 场馆管理者的关键能力

无论何种场馆要想达到预期目标，场馆管理者的能力十分重要。场馆管理者的主要职能就是如何合理经营，带领团队助推会展与活动场馆走向成功。优秀的场馆管理者必须具备以下六大能力：谈判能力、职业道德、管理能力、团队建设能力、创业本能以及沟通能力。

一、谈判能力

场馆管理者最重要的管理技能之一，就是具备成为优秀谈判者的能力。谈判是场馆管理者日常工作的重要组成部分。不论是与员工谈工作项目，还是与人才机构谈艺术家费用和商品佣金率，场馆管理者必须采用一定的方法，进行有效的谈判。场馆管理者能够熟练地进行合同谈判，场馆管理过程中比较常见的合同类型包括：

- 场馆租赁合同。
- 与服务供应商签订各类合同，如票务代理等。
- 维护服务和景观美化合同。
- 餐饮服务合同。
- 联合推广合同。

合同谈判的结果直接影响场馆营收。需要注意的是，场馆管理者依据权力等级具备不同合同谈判决策权。一些管理者因权力限制，无权将组织的一些资源投入谈判中；另一些管理者有能力磋商协议条款，但是必须向上级领导部门汇报请示。

二、职业道德

场馆管理与其他商业活动一样，面临道德的考验。会展活动组织者与场馆管理方之间的关系是比较微妙的。目前市场上，更多的是中小规模的会展活动创业公司，短期营利是他们的生存之道。但对于场馆管理者而言，建立和保持诚信、名誉、标准一致更为重要。

国际场馆管理协会（IAVM）对场馆管理者必须具备的道德准则列出了明确的要求，见表 2-1。需要注意的是，文件的主旨内容是避免任何利益冲突的责任，也就是说，任何活动都可能在场馆管理者的雇主和场馆的业主利益之间发生冲突。成功的场馆管理者应当在处理事务的过程中遵循个人的道德准则。

表 2-1　场馆管理者道德准则

场馆管理者应该：
● 努力提高服务的娴熟度和实用性
● 在所有公共和个人关系中保持荣誉和正直的最高标准
● 强调对公众友好和礼貌的服务，并认识到场馆的功能是为公众服务的
● 在所有协会和专业业务往来中保持公平与公正
● 坚持人人平等的原则
● 拥有为场馆提供服务价值的坚定信念，同时具备建设性、创造性、务实的态度
● 避免任何可能与雇主产生利益冲突的行为

资料来源：IAVM Code of Ethics。

三、管理能力

无论场馆的管理结构如何，会展场馆的管理者都应具备管理能力。优秀的管理者往往是以人为本的、好奇的，渴望学习和运用新的管理与经营原则，并积极履行工作职责。在当今竞争激烈的市场环境中，成功的管理者也必须是反应灵敏的、知识渊博的、坚毅的、灵活的、优秀的激励者和领导者。

成功的场馆管理者对所经营场馆的每一项管理职能都了如指掌。例如，如何高效地组织场馆活动，场馆的特点是如何影响经营方案的，等等。基于场馆管理者的能力要求，场馆管理者的选拔分两种情况：

一是场馆管理者从一线员工开始做起，经过组织机构层层选拔，从业务第一线提拔到更高的职位，最终成为场馆经理。这种形式的职业发展，能保证场馆管理者参与到大部分的场馆经营活动之中。

二是场馆管理者经过场馆运营、营销或推广等中层管理职位，最终被提拔为场馆经理。采用在职培训是一种获取信息、培养管理者的有效方法。内容充实、安排合理的在职培训有利于帮助会展场馆员工熟悉不同部门的工作情况。各部门的人员进行交叉培训，是员工内部用来传承、延续机构知识的一种很好的方式。

四、团队建设能力

即使场馆管理者拥有成功必备的技能与知识，也要明白团队是成功的核心。场馆管理者必须能够激励员工，鼓励他们贡献自己的智力与智慧，为完成公司目标而共同奋斗。在这个过程中场馆管理者不仅要求团队成员履行各自的职责，还要时刻为其他成员提供帮助。团队建设是场馆管理中非常重要的组成部分。在工作场所为员工创造和谐的氛围，可以使他们更加投入并参与到整个管理过程。成功的场馆管理者必须认识到"团队"的重要性，团结合作的团队，必将给管理层和业主方带来更多的收益。

五、创业本能

创业本能是指场馆管理者在整个场馆的经营活动过程中，不仅对已有的业务能够很好地掌握与管理，提供优质的服务，同时不断开拓新的业务渠道。通过创新与创业精神，把场馆已有或潜在的资源充分发挥出来，带来更多的经济收益。

尽管场馆的使命更倾向于一种愿景的描述，而不强调创造新场馆或新的收益来源。但在实际运营过程中，经济效益一定是场馆成功运营的首要指标。因而，经验丰富的场馆管理者，会把精力花费在使自己变得更有创新能力和创业能力，寻求能最大限度地发挥场馆资源的机会，从而产生更多的额外收益。富有创新精神的场馆管理者懂得如何用一种能吸引企业、承办方和客户的方式包装和管理场馆。具有企业家精神的场馆经理知道如何设计和实施能够产生良好财务业绩的营销和推广策略。

六、沟通能力

有效的沟通是场馆管理的关键。会展场馆管理者必须能够与不同的群体进行有效的沟通，包括场馆业主方、管理机构、员工、租户、活动组织者、媒体、观众及所在社区。场馆管理者的职责是与这些利益相关方发展和保持口头与书面等直接有效的双向沟通方式。

成功的管理者是团队的领导者，能够在当下环境中高效工作的同时，展望未来、做好准备，并积极努力地实现预期的目标。管理者应该鼓舞和激励组织机构内的所有人。成功的场馆管理者是有效率、有创造性的，最重要的是，他们必须以身作则。

第三章

会展与活动场馆财务管理与人力资源管理

场馆管理的核心是财务管理，没有这一点任何的商业行为都谈不上成功。财务是进行决策和评估效益最直接有效的方式。本章要论述的是与场馆管理相关的商业和财务方面的基本概念。

无论是场馆的规模、风格、用途还是所有权形式，运营场馆的商业策略有着共同之处，一般包括以下几方面内容：

- 场馆开发和管理的经营预算。
- 资本支出预算。
- 年度、月度财务管理及活动财务报表。
- 场馆租金率和定价表制定。
- 活动前收入及支出预算制定。
- 活动结算管理。
- 活动合同谈判与管理。
- 劳动协议谈判与管理。
- 场馆人力资源管理。
- 账款收支流程监控。
- 其他收入来源管理监控。
- 现金流与投资管理。
- 机构内部和外部审计。

场馆管理者为实现每年制定的财务绩效目标，要有能力预估营业收入和控制支出。这就要求场馆管理者对于那些超出控制的变量因素进行规划预算，如体育馆租借，如果场馆管理者及团队的财务员工没有列出他们的租户等。

财务部门，有时也称为营业部，它是场馆运营的重要组成部分。与政府的财务体系不同，公共场馆更注重收支平衡的财务体系，即通常所说的成本会计。

成本会计的重点放在与活动相关的预算上，追踪会展活动的支出和收益。活动估算包括以下几方面内容：

- 基于特定会展活动类型估算会展活动数量。
- 根据每种会展活动类型估算活动天数。
- 根据每场会展活动情况估算平均上座率。
- 门票销售情况及平均票价。
- 估算门票销售总额及相关费用收入。
- 估算场馆租金收入或联合推广收益分成。
- 基于人均优惠和商品支出的估计。
- 估算停车服务收入与支出。
- 估算场馆其他服务的收入。

从理论上讲，所有的非活动相关产生的薪资支出，以及非场馆活动运营产生的收入和支出，必须与会展活动收入与支出一起记录下来。场馆经理及其工作人员应基于财务角度，处理日常工作中的各项事务。这是场馆管理中的一项重要职能。与此同时，财务部门的工作人员需要掌握一定的会计流程和具备专业知识技能。

第一节　会展与活动场馆财务管理

一、财务管理

财务部门是企业组织架构中的重要组成部分，处理企业运营过程中与财务相关的事项。虽然财务部门不能直接产生收益，但对企业所有的日常活动及非日常活动产生的收益及费用进行信息收集和会计处理。财务部门的花费在收入表中体现为支出，必须由管理层来讨论处理。一般而言，财务部门及其职员的花费均视作企业非活动相关支出。

财务部门对于场馆管理机构在整个运营和管理过程中是非常重要的。财务部门通过历史数据对整个场馆财务报表进行运营分析，这些详尽的分析能够帮助场馆管理者在未来进行决策和制定发展战略时，起到极其重要的参考作用。

二、财务总监

场馆财务总监直接向场馆经理汇报，负责对财务信息进行解释并向其他部门提供所需相关财务信息。财务总监的工作职责是协助场馆管理者做出正确的商业决策。一般而言，财务总监应该具有会计、财务或金融学科背景。鉴于商业活动的复杂性，许多场馆经理会雇佣注册会计师（CPA）作为财务总监。场馆财务总监应掌握所有与场馆管理相关的财务知识。

对于从事场馆管理的财务总监而言，除了熟悉会展场馆管理的特点，还应遵循公认的会计准则。以下列举一些基本的业务内容：

- 预算研究、创新与管理。
- 财务报表的编制和核实。
- 活动前预算。
- 活动结算调整。
- 应收账款和应付账款。
- 工资和福利。
- 场馆设备、设施的物资采购。
- 外部审计和内部审计。
- 现金内部控制制度的建立与监督。
- 保险责任范围。
- 银行账户核对。
- 售票处监督。
- 赞助及优选座位合同追踪的财务。

总而言之，财务总监必须有能力充当场馆经理的"眼睛"来监管场馆的各类财务问题。公司更偏好任用取得注册会计师资格证（CPA）的人担任财务总监。但最重要的是，财务总监必须对场馆管理业务有所理解，能够协助场馆经理做出所有与场馆管理相关的决策。与此同时，场馆财务总监从事的工作对整个组织的财务偿付能力至关重要。

三、营业预算

场馆年度营业预算所涵盖的内容包括，确定每年预期营业收入和支出，确定用于资金短缺的资源，向场馆管理者提供月度财务报告以及将实际发生的收入和支出与预计的收入和支出进行月度比对。会展行业的性质以及在收入和支出预测方面的内容，财务总监可能会采用滚动式预测，根据最新的信息进行实时更新。营业预算的制定和监测最终是场馆所有者和管理者的责任。

场馆每年的营业预算包括前一年度的财务结算和下一年度的收入与支出预期。会展与活动场馆收入和支出明细，基本项目包括：

- 主营业务收入。
- 场馆租赁。
- 辅助活动收入。

- 食品与饮料收入。
- 合同规定收入（例如，冠名权、赞助等）。
- 停车。
- 特许经营。
- 门票费。
- 支出。
- 辅助活动支出。
- 一般管理费用。
- 全职员工薪水与福利。
- 兼职报酬。
- 公共事业。
- 清洁与维护支出。

【案例】××演艺中心收入与支出项目如表 3-1 所示。

表 3-1　××演艺中心收入与支出项目明细

收入分类	
<ul><li>租赁</li><li>特许经营</li><li>餐饮招待</li><li>应付账款</li><li>广告</li></ul>	<ul><li>命名权/赞助</li><li>场馆费用和佣金</li><li>优选座位</li><li>停车</li><li>活动策划</li></ul>
支出分类	
运营支出<ul><li>监督管理</li><li>劳动力</li><li>场馆维护</li><li>设施设备维护</li><li>办公室支出</li><li>电力</li><li>给水/排水及其他</li><li>气</li></ul>	活动运营<ul><li>监督管理</li><li>招待员</li><li>检票员</li><li>安保</li><li>舞台管理</li><li>设备租赁</li><li>材料供应</li></ul>
特许权<ul><li>监督管理</li><li>劳动力</li><li>设施设备维护</li><li>办公室支出</li><li>食品供给</li></ul>	票务办公室<ul><li>监督管理</li><li>劳动力</li><li>出口费用</li><li>设备设施维护</li><li>广告/推广支出</li><li>合同费用</li><li>设备租赁</li></ul>

招待	会计
● 监督管理 ● 劳动力 ● 设备设施维护 ● 办公室支出 ● 食物供给 ● 合同服务	● 监督管理 ● 劳动力 ● 薪酬支付 ● 设备设施服务 ● 办公室支出 ● 审计费用 ● 税费
广告	员工福利
● 监督管理 ● 劳动力 ● 保险 ● 设备设施维护 ● 电话 ● 办公室支出 ● 旅行 ● 法务 其他管理费用	● 度假 ● 病假 ● 失业保险 ● 集体保险 ● 社保 ● 职业发展 退休保险

从财务角度来看，营业预算被分成收入和支出，结果被分为利润和损失。净收益（收入减支出后的留存）有可能对用于资本需求或者作为资本准备金以弥补场馆基金支出产生影响。活动场馆也有义务为未来的资本改善预留现金储备。因此，每当出现收入短缺时，就需要某种形式的自有资金补贴，以弥补整体经营赤字、偿债和资本储备基金。

年度营业预算除了能提供财务计划，还能为管理层提供符合详细经济条款下的一段确定时期的财务预估。一般来说，年度营业预算始于 1 月 1 日，结算于 12 月 31 日。而会计年度（FY）预算始于任何特定日期并在 12 个月后进行结算。大部分的活动场馆，如演艺中心、文化中心和体育馆均采用会计年度预算，在整个营业季完成主要租户的财务数据。例如，会计年度预算始于 2018 年 7 月 1 日，结算于 2019 年 6 月 30 日，则会计年度为 2018—2019 年预算。

预算过程需要进行研究及远景规划，制定财务预估并向主管部门及场馆所有者汇报。一旦营业预算被认可，能帮助管理层制定计划和目标。营业预算的编制是场馆管理过程中的重要组成部分。

场馆营业预算流程一般遵循以下四个阶段：

阶段一：研究和准备。场馆经理和财务总监对历史数据和项目活动量进行回顾，评估下一年度的收益与支出，这些都是建立在他们的行业经验及部门投入。

阶段二：预算展示。场馆经理或财务总监向场馆所有者和主管部门展示并解释预算初稿。

阶段三：预算获批。场馆所有者或主管部门必须正式批准预算。对营业预算的批准一般是在新的会计年度开始之前。

阶段四：预算执行。在会计年度内，场馆经理应把已批准的营业预算作为商业决策的工具。

场馆与场馆之间的预算编制过程各不相同。研究和编制会展与活动场馆营业预算是个持续的过程，一般于下一会计年度开始之前的 6 个月开始着手准备，而展示和批准环节一般需要在下个会计年度开始前 3 个月完成。

场馆管理工作是否成功，编制以及对拟议的年度预算的有效展示极其重要。营业预算编制过程十分复杂，一般包括以下几个阶段：

- 收集和整理与经营活动预测相关的收益及支出的数据。
- 评估和预测场馆在当前市场中的地位。
- 根据活动场馆的使命宣言设定持续性目标。
- 了解会展场馆所处的整体经济和政治环境。

活动场馆营业预算可以采用多种预算方法，常用的两种方法是分项预算法①和增量预算法②。不论使用何种预算方法，营业预算都是活动场馆管理的重要工具，帮助其开展设立目标、追踪过程和评估结果的工作。

四、改进生产设备费用预算

除了营业预算，大部分场馆还会使用改进生产设备费用预算，确定项目的主要支出。资本预算又称建设性预算或投资预算，是企业为了今后更好地发展，获取更大的报酬而做出的资本支出计划，综合反映建设资金来源与运用的预算，其支出主要用于经济建设，收入主要是债务收入。

资本性支出是指那些用于购置不动产、家具、固定装置、器材以及某些重大维修或改进项目的支出。尽管政策一直在变化，资本性支出通常是用于那些超过预订量并有 3 年（或以上）使用期的资本。在场馆管理中，这些资本性支出包括计分板、空调置换、制冷系统、座位置换、馆内交通工具等。

通常来说，场馆管理者需要向场馆所有者展示 5 年内的资本性开支并每年进行更新。改进生产设备费用预算应当包括在企业的年度商业计划中。优质的

---

① 分项预算是指以上一年度每一项目的支出数额作为基数，考虑各种影响因素或按一定比例，确定下一年度各项支出数额的一种预算方法。

② 增量预算又称调整预算，是指以基期成本费用为基础，结合预算期业务量水平及有关影响成本因素的未来变动情况，通过调整有关原费用项目而编制预算的一种方法。

资本性支出的预测和预算对场馆运营维护起到十分重要的作用。

生产设备改进费用的资金来源于营业收入剩余、指定税收或上级部门拨款。为改进生产设备做出计划调整是场馆经理的职责，同时也需要财务总监咨询和留意场馆其他各部门主管的需求和建议。

五、财务报表

场馆财务管理系统是对财务文件的创建和整理，为保证场馆管理工作全面有效地开展，这些准确且及时的财务报表十分重要。有效的财务管理工具包括利润表和资产负债表以及资本支出报告。

由财务部门编制的报表必须遵循公认会计准则，它是会计师在记录和汇总财务事项时所使用的标准和规则。同时，这些财务报表能够确定会展公司的纳税义务。

1. 利润表

利润表是反映场馆各部门在一定会计期间经营成果的报表。利润表能够帮助经理评估项目的业绩，并将实际发生的月度营业额与项目预算以及上个月的经营成果进行比较。利润表也叫作损益表或收入费用表，表 3-2 为截止到 2018 年 4 月 30 日的××演艺中心利润表。

表 3-2　××演艺中心利润表（2018 年 4 月 30 日）　　单位：元

运营收益	月末	年初至今
租赁	60,000	400,000
报销费用	26,000	310,000
特许权	80,000	520,000
餐饮招待	24,000	280,000
广告	10,000	100,000
佣金	6,000	40,000
其他收益	—	5,000
营业收入合计	206,000	1,655,000
运营支出		
活动支出	75,000	525,000
建筑运营	65,000	475,000
活动服务	12,000	215,000
行政费用	20,000	148,000

续表

市场与广告支出	5,000	38,000
票务销售	8,000	84,000
运营支出合计	185,000	1,485,000
营业净利	21,000	170,000

2. 资产负债表

资产负债表亦称财务状况表，说明企业资产、负债和所有者权益的状况。利润表反映了企业在一定时期内的财务活动情况，而资产负债表则反映了会展企业在某个特定时间点的财务状况。资产负债表列出了场馆当下的财务状况，并为预测交易金额、确定时间节点以及未来现金流的不确定性提供了有用的信息。表 3-3 为截止到 2018 年 4 月 30 日××演艺中心的资产负债表。

表 3-3　××演艺中心资产负债表（2018 年 4 月 30 日）　　　单位：元

资产		负债和权益	
流动资产		流动负债	
现金	360,000	应付账款	1,640,000
小额备用金	10,000	应付票据	1,000,000
薪酬基金	80,000	应付借款	600,000
短期投资	3,340,000	增值税	40,000
应收账款	1,280,000	员工社保	20,000
存货	330,000	劳动者报酬	10,000
预付费	200,000	预付押金	—
订金	80,000		
流动资产合计	5,680,000	流动负债合计	3,310,000
固定资产		所有者权益	
建筑设备设施	2,140,000	酒店税	2,000,000
厨房设备	2,180,000	投入公积	1,500,000
特许设备	132,000	盈余	2,269,000
票房设备	160,000	所有者权益合计	5,769,000
办公室设备	360,000		
交流设备	510,000		
运输设备	640,000		
建筑物	48,010,000		
固定资产合计	5,4132,000	当期负债和权益总计	9,079,000

3. 资本支出报告

资本支出报告反映了进行中或已完成的资本改良项目的财务状况。此报告帮助管理层追踪集资费用，从而保证整体支出控制在预算范围内。

六、成本会计

场馆财务总监的职责是通过系统流程来监测场馆及其各类活动的财务状况，成本会计是其中一项重要流程，通过这个过程，财务总监能够全面深入地对场馆财务状况进行评估。

例如，从场馆内销售的一款饮料的价格可以看出，它包含以下的场馆实际开支：

- 产品。
- 仓储。
- 存货。
- 税。
- 劳动力。
- 纸制品。
- 损耗。
- 设备与累计折旧。

财务总监有能力确定成本并且合理、有效地提供这些信息。场馆经理能够用这些信息作为管理工具：

- 基于当前经济要素测算场馆运营活动。
- 协助场馆员工进行商业决策。
- 判断场馆各部门的费用增加或减少。

成本分配对任何场馆管理来说都是一项挑战。在成本分配过程中，各项难点都应被明确，包括如何分配公共服务支出、固定费用以及可变成本，然而往往无法得到明确的答案，因此场馆管理者一般使用成本分配方法进行决策。

成本分配是将成本分配给一个或多个费用类别，成本分配包括直接支出分配和间接支出分配。直接成本是指那些可以归结为特定活动的具体支出，如活动服务劳动力、舞台管理、设备租借、餐饮和其他支出，都是在活动期间发生的。间接成本通常是指管理费用，是那些不能对应具体活动的支出类别，例如一般管理费用、劳动力工资以及保险等。间接成本是指那些无论特定活动是否发生都会产生的成本支出。此类成本根据活动规模的变化而不同。

间接费用是按比例分配到场馆及相关各部门的支出，管理部门需要记录所有与场馆管理相关的费用。认识和理解场馆间接费用支出的重要性以及如何影响活动和服务的最终成本是非常重要的。

七、财务活动

场馆财务总监需要对日常的财务活动进行监督，包括：

● 现金管理。
● 库存控制。
● 固定资产管理。
● 应收账款和应付账款。
● 采购管理。
● 活动合同。
● 活动结算。
● 审计。

1. 现金管理

场馆必须明确现金流，如票务销售、租金存款、停车收款、特许权销售、餐饮销售或商品销售等。在场馆财务管理中现金是首要考虑的问题，还包括对小额现金的控制，通常发生在活动期间，是额度较小、意料之外的费用。场馆应制定使用小额现金账户的严格程序，定期核对；应明确规定未经事先授权和提交采购单，小额现金不是采购过程的一部分。

2. 库存控制

财务部门必须参与监管场馆的用品和设备库存。供应品和设备必须存放在安全区域，并配备有入库和出库系统，该系统可以减少盗用或浪费的发生，对库存应进行不定期或即时审计。

3. 固定资产管理

固定资产包括土地、建筑物、设备和家具等。固定资产是为在场馆运营中使用而获得的有形项目。它们是长期性质的，通常随着时间的推移而贬值。

4. 应付账款和应收账款

应付账款是指购买他人的货物或服务的欠款。应付账款是买卖双方取得货物与支付货款在时间上不一致而产生的负债。

应收账款的管理应由场馆经理和财务总监确定，并严格遵守。所有应收账款应经常审查。

5. 采购管理

很多活动场馆属于国有企业或归公共部门管理，因此在购买货物和服务采购过程中有一定的政策和程序。场馆管理者必须遵守管理机构制定的政策和程序。管理者必须向其所有者汇报，迅速和谨慎地做出财务决策，以便更有竞争力。

场馆管理者为客户提供服务，会因以下事实而变得复杂：购买政策可能禁止应及时获取必要的工具，以确保为客人提供良好的活动体验。管理层在可能的情况下，预测与活动相关的购买变得极为重要。

无论采用何种付款方式完成交易，场馆财务部门都应根据采购政策核实所有的采购。大部分场馆每年花费数几十万甚至上百万元采购商品和服务，这是一个非常重要的过程。此外，应与场馆服务供应商建立稳固的合作关系。

6. 活动合同

活动合同是两方或多方就活动的执行情况所达成的协议。合同用于规定两个组织之间的业务义务和财务责任。活动合同一般包含以下内容：

- 要约与承诺。
- 意图建立法律关系。
- 能力（两个组织的授权代表）。
- 充分考虑一方能向另一方提供什么。
- 条款和条件的确定性（如果过于模糊，可能无法执行）。

活动合同一般是出租或租借协议，允许场馆或其一部分在特定时间段内租用于特定项目或活动，场馆收取租金。除了租金外，活动发起人通常还向场馆报销活动人员等费用，例如招待人员、检票员、安保人员、舞台工作人员以及设备租赁等。租赁方式可以有多种形式，主要取决于场馆和活动类型。一般而言，租赁合同包括全包、平租和费用、基于使用空间的可变租金以及门票收入的百分比。表 3-4 为常见的租赁合同形式。

表 3-4　常见租赁合同形式

合同类型	说明
全包	固定费率包括租金和大部分其他费用
平租+费用	平租是固定数额，其他活动费用按项次结算
基于使用空间的可变租金	可以基于展示空间或使用的会议室的单位面积加上费用
门票收入的百分比	租金根据售票收入的百分比（适用的税费）加上费用
每人+费用	租金基于出席活动的固定人次加上其他费用
每人	租金基于人次的固定金额

某些情况下，场馆本身就是活动的发起者。场馆方直接与活动需求方达成协议。艺术中心的表演会采用这种模式，例如美国百老汇的一些剧院。

场馆每年都会签订大量合同，场馆经理掌握并使用不同的谈判原则和战略是非常重要的。敏锐的场馆经理应牢记发展和培育客户关系的必要性，同时努力促成场馆和活动发起方谈判并达成满意的交易。许多成功的场馆管理者将此描述为"双赢"谈判战略，这是因为长期和互利的关系，对于交易双方而言都有极大的好处。

在场馆管理过程中，场馆经理在财务总监的协助下进行合同谈判。场馆管理员工将向场馆经理提供大量与活动发起方相关信息，包括市场营销、票务、运营、食品与饮料等。为了使场馆保持竞争力，管理层必须了解市场，以及懂得如何利用有利因素进行合同谈判。

7. 活动结算

活动结算是活动发起人和场馆管理方依据合同约定进行资金分配的会计过程，这个过程按照约定的时间节点进行。在大部分的商业活动中，计费和收款发生在交易发生之后。账单已签发，付款通常在月末或 30 天内支付。当然，场馆的结算过程可以在活动日发生，也可能在活动举办期间结算。表 3-5 为场馆和各种类型活动常见的结算时间。

表 3-5　场馆和各种类型活动的结算时间

场馆类型	项目类型	结算时间
剧场	音乐会	活动之夜
文化或演艺中心	场馆租户	月结
	音乐会	活动之夜
	赛事	月内
会议中心	会议	月内
	展览	月内
	宴会活动	一周内
剧院	当地活动	下 1 个工作日
	多日游乐活动	最后演出后
体育场	场馆租户	月结
	音乐会	活动之夜
	竞技比赛	月内

场馆的结算方式取决于活动的内容和时间。例如，由文化或演艺术中心发起的旅游演艺活动的结算需要由授权场馆代表和旅行公司代表，依据合同完成结算，其中各类文件包括：

● 售票处审计报表，详细说明和证明票的分配和相关收入。

● 活动支出的发票。

● 内部装备，包括舞台、音频、视频、悬垂和实用设备。

- 活动劳务支出，如舞台管理、警察、招待员以及安保。
- 专为活动租用的设备。
- 后台餐饮及用品发票。
- 带有备份材料的广告发票。

活动结算时，场馆可从门票收入中收取租金和费用，或收取主办方或艺人与场馆合同约定的费用。场馆管理方与活动发起人合作，可以促进收入盈余的分配。在活动当天需要现金的活动发起人有义务提前通知场馆，一旦场馆代表和活动发起人签署最终结算，资金可以通过场馆支票进行支付，一般是通过银行电汇支付。活动场馆特别是大型活动场馆，一般要求活动发起方在进场前 2 周之内结清所有款项，并交付一定比例的备用金。

8. 审计

审计是对场馆的财务、运营以及管理过程的审查。审计可以是公司内部财务部人员，也可以邀请第三方审计公司。

计划内的外部审计通常是每年一次，而内部审计可以定期或在任何时间根据具体需要进行。计划内审计包括合同、广告协议、售票处收据、结算单、工资单以及对供应商、客户的审查，必须特别注意负责内部审计的人员，确保不发生任何偏袒或串通。虽然部门有可能被随机选择进行审计，但必须建立系统，以确保所有部门在指定的时间内进行审计。

不定期的外部审计极为罕见，只发生在潜在的不当行为的情况下。当发现重点关注情况时，可以使用计划外的审计。一般来说，管理层要对所关注的情况进行讨论，并提出解决方案。

在外部审计期间，经过一系列的调查、审查和讨论之后，要向场馆经理提供审计报告。然后经过讨论，再将审计报告递交政府机构并进行存档。

尽管对场馆的人力资源来说审计会消耗一定的时间和精力，但审计结果将作为场馆管理者及政府机构评估整个组织运营情况的有力参考。

第二节　会展与活动场馆人力资源管理

会展与活动场馆的人力资源管理相较于其他组织架构的人力资源管理显得简单一些。场馆的各个部门都承担招聘、雇佣、培训以及管理场馆雇员的职责。营业部通常会设计专门的就业政策和流程，并提供行政支持。他们将处理全职、兼职和与活动有关的工作人员的就业文件及工资福利等。场馆根据活动举办的"潮汐"性特点，将员工分为全职员工和临时员工；依据管理内容的专业性，分为自有员工和外包员工。根据场馆的大小，大部分场馆雇用相对较少的全职员工，在活动举办时雇佣较多的临时员工。

一、全职员工

场馆经理职责之一是挑选那些有能力、经验丰富和专注的人员，并将其安排在合适的岗位，以满足场馆运营的需要。拥有技能的全职工作人员是场馆运营取得成功的重要因素。经验丰富的工作人员能够独立处理日常运营工作，场馆经理就能够专注于其他与组织目标、商业竞争等相关的战略制定。

活动的类型和数量，以及场馆是否有租户，是决定场馆全职员工规模的主要因素。小型场馆的全职员工通常包括 1 名场馆总经理，1 名财务总监，1 名运营经理（或建筑监督、工程师）。一般来说，大型场馆的全职员工更多一些，包括各部门的总监、经理、主管和协调员，以及安保、营销、餐饮、活动协调和物业等。

一般情况下，全职员工每周工作 40 小时，或由其主管安排工作时间。会展与活动场馆的业务性质规定员工按活动安排要求工作，如果是正常工作时间以外的要求，场馆需要向其支付加班费，如工程技术人员、餐饮工作人员等。

二、临聘人员

临聘人员是指那些按小时结算的或基于项目工作临时雇用的劳务人员。临聘人员根据场馆举办活动的需求或场馆运营的需求雇佣。临聘人员按照具体项目需求完成工作，例如一些工程技术人员，像管道工、木工等。场馆管理相对于其他行业的管理比较独特，活动"潮汐"性的特点需要大量的临聘人员和小时工来满足活动举办时的劳动力需求。因此，在场馆管理工作过程中，需要花费较多的时间来完整地记录场馆临聘人员的工作内容。

无论是场馆的类型还是位置，很少有项目活动的所有工作人员都是全职员工，场馆工作人员可能是招待员、检票员、售票员、安保人员等。从这些工种可以发现，场馆的临聘人员都是数量需求较大、从事工作相对简单的劳动力。场馆人力资源管理的重要职能是协助管理层识别、培训和保留有能力的非全日制工作人员，以确保场馆及其活动的成功运行。

临聘人员的招募可以通过组合方法来实现，包括内部管理和兼职，例如场馆内部员工临时承担识别、招聘、雇用、培训、管理、保险和支付的职责。服务供应商根据项目活动需求，选择合适的长期的服务供应商，由服务供应商提供临时性的劳动力，如大型活动时的配餐、送餐服务（与送餐公司签订合同），大型活动时的安保服务（与物业公司签订合同）。另外，与地方院校合作，通过校内行政管理部门招募大学生承担一定的临时性岗位。

三、员工培训

员工培训旨在帮助新员工了解会展场馆的总体目标以及员工未来将从事的工作。员工培训的内容包括员工手册、定向视频和面对面会议。此外，场馆管理方可能需要对某些职位进行入职前的背景调查。

培训为新员工的发展提供指导和帮助。培训计划通过一系列演示练习或资深员工的经验分享，来指导新员工如何进行业务操作。虽然定向培训是一次性活动，但培训应该是员工发展过程中不断进行的一部分。有效的培训包括传统教学、视频培训、演讲嘉宾授课、在线培训、情景模拟演习等。此外，针对全职员工和临聘员工，培训的内容也会有所侧重。

1. 全职员工培训

全职员工接受基本信息内容的培训，一般采用员工手册的方式，解释有关薪酬、福利、员工行为守则以及组织政策和程序等详细信息。新员工通常需要签署手册确认并同意遵守其内容的相关文件。人力资源部门需要向新员工介绍场馆、具体的工作职责，以及探讨职业发展等内容。大部分全职员工经过挑选，因其具有的独特技能和专业知识被场馆方聘用，但在正式入职前就场馆行业一些独特的方面仍需要专业的培训。例如，会计人员必须学习和了解有关场馆财务结算的内容。为了使场馆保持竞争力，持续有效的全职员工培训是必不可少的。

2. 临聘人员培训

临聘人员通常缺乏项目活动或场馆运营的经验。因此，在工作开始前，对临聘人员进行有效的培训是项目活动成功的质量保障。临聘人员的培训一般由各部门有经验的全职员工来完成，包括停车服务、制服要求、时间表核对、训练流程等信息的传达，以及场馆管理方对这些工作的基本要求和一般的场馆管理政策和流程。

对临聘人员的培训，包括客户服务、设备操作、活动沟通流程、活动政策和流程、安保问题以及应急准备等内容。一般而言，人力资源部门对临聘人员的管理参与度有限，主要是支付临聘人员的薪资和入岗前的材料准备。

场馆经理有义务制定有效的员工培训计划，并贯彻落实。培训计划应与场馆运营的总体目标保持一致。

第四章

会展与活动场馆预订

租赁是场馆产生直接收入的方式。市场竞争环境、场馆的规模与类型以及每年活动预订的数量，是决定场馆租金收入的主要因素。场馆提供的是时间与空间的使用，了解这些资产的价值及其易逝性至关重要。场馆时间和空间的日程安排是管理者控制这些资产的重要工具。对场馆相关文件及其日期清单进行有效管理，可以最大限度地提高利润，并尽量减少可能产生的负面影响。

在多数情况下，特别是规模较小的场馆，场馆经理负责预订的工作。根据场馆类型与规模的不同，负责场馆预订管理可能是场馆经理助理或销售总监。在一些特定的情况下，场馆活动数量多到一定程度，场馆才有可能设置专门的预订经理。

预订经理面临最大的挑战是，根据所在场馆的经营目标，制定完整且具多样性的时间表。如何在复杂多变的环境中获得成功？预订经理必须具备特定的素养，包括：

- 广泛和良好的行业关系。
- 诚实与守信，能充分获得活动发起者的信任。
- 在双方协商交易时具备一定的灵活性。
- 有意愿与活动发起者共同承担风险。

会展与活动场馆之所以变得越来越重要，因为场馆不仅能提高本地居民的生活质量，推动地方经济增长，还能提升所在地区、城市乃至国家的美誉度与知名度。场馆运营成功的关键是能根据市场需求有效地识别和预订活动。本章将就预订活动、行业关系和确保活动安全所需流程的原则和实践进行论述。

第一节　会展与活动场馆预订原则

一、预订程序与权限

一般而言，会展与活动场馆都有自己的预订政策和程序。这些政策和程序规定了场馆分配日期的优先事项。预订经理可以在租金和费用、搭建和拆除时间等方面具有灵活性，如有必要，还可更改日期，以实现活动效应最大化。

从某种意义上讲，场馆预定管理是一种关系的管理。预订经理与活动发起人之间并没有非常规范和明确的规则。在这个相对封闭的专业领域，预订管理者和活动发起者之间的相互信任，对于合作是非常必要的。如果活动发起者不能信任预订经理的话，就不会选择这个场馆。国外一些预订经理可以根据与活动发起者关系的密切程度，不要求对方支付不可退还的订金。而我国无论预订经理与客户之间的关系如何，场馆的预订政策都会要求活动主办方支付一定比例的订金。

预订职责最重要的一项是对场馆时间表的管理。系统预订程序能避免重复预订，降低活动流失的风险。在场馆预订过程中，有必要明确活动时间安排人的权限，最好是由预订经理独立负责场馆活动时间的登记与删除。

二、场馆日期安排

预订经理的工作目标是制定场馆的时间表。一张安排合理的场馆时间表能在满足商业活动需求的同时，符合社区的期望。多样化的时间表需要对场馆建造方有较为透彻的了解。场馆预订时，预订经理必须考虑市场中其他活动的时间和内容，以及可能会影响销售的时间节点和竞争对手。在预订活动之前，还应考虑公共假日、传统节日以及社区居民的度假习惯等。此外，还需要进一步关注那些本地区以外，但是可能影响该地区的其他活动。以上这些因素，在制定场馆时间表时都应予以充分考虑。

如果不充分考虑，会极大地影响场馆活动效果，乃至产生安全风险。在美国芝加哥曾经发生过这样的极端案例，同一个晚上，邻近的两个活动场馆：一个音乐厅举行一场大型交响乐，而隔壁的体育馆进行一场 80000 人出席的橄榄球赛。这两场活动在同一时间段、同一社区举办，不仅给周边的交通、安全造成了极大的安全隐患，在活动举办的过程中，也可能会相互产生影响。

三、用户优先

像其他商业领域一样，在场馆预订管理时给予最佳客户优先权。通过给予主要租户或场所用户的优先级可以确保吸引高水平的活动。优先策略和标准一般会被明确定义并写入预订政策。

例如场馆的经验、目标、愿景、市场、社会与经济环境、社区人口、活动的数量以及场馆的承载力等因素，都能为场馆日程安排提供指导或参考。如果举办不适合场馆及社区的活动，或与场馆主要租户发生冲突，都可能给场馆形象带来负面影响。

建立优先政策的关键是特定场馆对应专属活动的使用。例如，演艺中心理所当然考虑为本社区的艺术活动社团提供服务，如交响乐队、芭蕾舞团和戏剧团体等。场馆方在进行时间安排时应该优先考虑给此类活动。会议中心则应优先考虑大型会议，而不是商品展销会。

充分了解场馆的使命和目标，可以帮助解决预订优先级与场馆收入发生冲突时所产生的问题。以××会议中心为例，该会议中心就优先预订事宜进行了活动预订的优先等级划分：

第一等级，给予那些在活动期间使用会议中心 1500 个房间及以上过夜的，并且不向公众开放的协会会议、贸易展览、公司会议及类似活动。

第二等级，给予那些活动期间使用超过 10000 平方米，但使用不到 1500 个房间的协会会议、贸易展览或消费类展览，以及公司会议；或租赁 5000 平方米的展览空间并租赁至少容纳 600 人宴会厅的活动。

第三等级，优先考虑小型消费类展览、地方公司会议、节庆活动、宴会和其他主要吸引公众和当地参与者的活动。

第二等级的活动预订不提前超过 18 个月确认，第三等级的活动预订不提前超过 12 个月确认。

值得注意的是会议中心预订业务相比于其他场馆更复杂，因为在整个操作过程中牵涉更多利益相关方。会议中心的总经理、会议观光局（Convention and Visitor Bureau，简称 CVB）以及地区酒店代表的战略合作是十分重要的。通常情况下，会议观光局是大型活动的推广机构，负责推广会议的日程表，安排 18 个月及以上的活动，而场馆管理团队专注于短期预订。基于酒店、会议观光局和会议中心之间的相互协作关系，一些大型活动或会议的安排可以提前 3—5 年预订。

最为重要的是，会议中心总经理如同所有场馆管理者，承担与社区其他场馆或单位合作的职责，以确保社区的长期规划与目标得以实现。与此同时，场馆管理者致力于场馆传统活动有条不紊地举办。大部分情况下，优先考虑的是根据活动对当地酒店房间过夜数的影响来安排日期。一般而言，会议代表需要大量的酒店住宿客房。因此，大型会议在场馆预订的优先等级方面要高于小型会议和小型展览。社会的需求不断发生变化，场馆经理必须不断观察这些变化，并做出相应的场馆安排调整。

第二节 会展与活动场馆预订流程

一、场馆预订时间表

会展和活动场馆的类型千差万别，不同场馆举办不同类型的活动，每一类场馆对活动预订都会有不同的要求。大型体育场馆一般要求音乐会的预订在活动举行前的 18 个月进行确认，会议中心的小型会议提前三周确认即可。对于那些有租户的场馆，如运动队或常驻表演艺术公司，优先确保场馆日历上的活动如期举行；随后，预订经理才能将空闲的时间安排预订其他活动。各类型场馆的预订提前期如表 4-1 所示。

表 4-1 各类场馆预订提前期

序号	场馆	提前期
1	露天剧场	3 个月—2 年
2	演艺文化中心	3 个月—3 年
3	会展中心	3 个月—7 年
4	剧院	3 个月—2 年
5	体育场	6 个月—2 年
6	展览馆	6 个月—10 年

一些超大型活动的提前计划期更长，如全国大学生运动会、奥运会以及一些政治性会议，可能需要提前 5 年或以上确认。

二、活动预订过程

预订是指为活动确定适合的场馆，联系活动发起方，参与谈判并达成合同的过程。从场馆经理和活动发起者双方的角度来看，预订过程是双方针对场馆使用时间、面积以及成本所达成的初步意向。

如前所述，预订经理的职责在于密切监测各种变化，利用日程表或软件程序，在场馆日程安排的"预订"项，进行活动增加或删减。采用计算机软件能够尽量避免重复预订，有的软件还会提供其他服务功能，如票务、会计、安保以及调度等。不管使用什么预订系统，"人多误事"的老格言也非常适用于场馆预订。也就是说，当场馆预订过程涉及多人时，在这些人之间必须进行良好的沟通与协调。

即便只有一到两个人参与实际预订过程，还是要采取以下措施以确保预订的准确性：

- 通过电话或电子邮件提供使用信息（即场馆的可用日期）。
- 向潜在客户发放标准租赁申请表。
- 对客户进行背景调查。
- 发布标准租赁协议。
- 确保按要求按时收到执行协议、所需存款和保险证书。
- 回答潜在客户的例行问题。

首先确定场馆是合适的、可用的，并且在经济上可行，活动发起者才会与场馆方签订合同。同样，展览会主办方不可能在无法确定展览会举办日期、地点和费用的情况下招募参展商。活动的举办和实施还要包括广告、票务、市场营销、人员配置以及服务供应商。所有这些对于活动的成功举办至关重要，同时预订过程也取决于这些因素。一旦预订过程完成，活动的举办正式开始。活动预订过程根据最新的场馆日历进行，一般包括以下步骤：

1. 活动发起者查询场馆信息。
2. 活动发起者查询场馆可使用日期。
3. 活动策划方的场馆设备设施要求。
4. 同类竞争活动查询。
5. 活动发起者对举行日期的要求。
6. 确认活动执行者。
7. 活动合规。
8. 租赁条款谈判。
9. 确认发起者在场馆举办活动的日期。
10. 场馆方发出租赁协议。
11. 选择售票活动的开始日期。
12. 场馆方接收已签署的租赁协议和保险证书。
13. 活动营销。

以上步骤是场馆预订过程的理想顺序，在特殊情况下，经验丰富的预订经理会视具体情况做灵活调整，确保场馆出租率和产出效率实现最大化。

三、活动合规

场馆预订过程中的关键步骤是那些将要在场馆中举办的活动是否合规。无论是场馆自己举办活动（场馆方根据合同约定承担活动举办所有财务风险），还是与合作方共同举办的活动（与合作方按合同约定共同承担财务风险），或仅仅是场馆租赁（向租户或发起者提供场馆租赁空间，无须承担任何直接的财务风险），场馆预订经理必须回答以下几个常见问题：

- 活动发起者是否具有一定的经验、权威和财务资源？
- 活动的主题或内容与场馆的使命宣言或经营目标是否一致？
- 活动所要求的日期和空间是否可行？
- 从场馆预订期望的角度考量，该活动是否适合？
- 场馆是否能容纳活动的举办？
- 场馆是否能满足活动发起方对员工、市场营销、物业等配套服务的要求？
- 活动是否会对场馆经营产生负面的影响？
- 场馆日程表上是否有类似的活动，是否会混淆公众对活动内容的认知？

预订经理有责任确认潜在客户是否合规，并根据上述问题的回答决定是否出租场馆。根据商业的公平性和可持续性原则，场馆管理应该有一套系统的租赁申请程序，确保所有新的活动发起人或潜在客户是合规的。对于场馆的老客户而言，不一定需要经过租赁申请程序，但建议场馆管理方对新客户进行资格验证。

此外，还可以通过活动发起方的银行和财务证明，以及其举办过的活动，向之前租赁场馆的经理进行询问，来帮助确定活动发起人的场馆预订资格。在此过程中，活动发起方所要求的日期仍可暂时保留，但所有预订要求的最后期限必须满足。

经验丰富、信誉良好，且财务状况良好活动发起者对场馆经营的成功至关重要。然而，一些活动发起者不能满足基本要求，场馆方为取得最佳利益需要进行有效的资格预审，以尽量减少与可能失败的活动发起者的合作风险。以×××会议中心为例，要求活动发起方递交租赁申请时需要提供《租赁申请信息表》。

【案例】场馆租赁申请

×××会议中心租赁申请表

请您提供以下资料，以协助审阅及考虑场馆租用的要求。以下提供信息的准确性和完整性是非常重要的，这些信息将是考虑您申请的关键因素。请尽可能详细和具体。在管理层批准此申请并正式签订协议之前，场馆方和租赁申请人之间不存在任何法律或约束力的承诺。

活动名称：_____

活动类别：□消费类展览　　　　　　　□会议

　　　　　□贸易类展览　　　　　　　□其他（请在以下具体描述）

活动描述：_____

　　　　　_____

预计日客流：_____

场馆租赁面积：_____

场馆租赁时间：_____

活动进场/撤场具体日期：_____

是否为付费活动：□是　　　如果是，请列明票价_____

　　　　　　　　□否

活动举办方：_____

地址：_____

城市：_____　国家：_____

联系方式：_____

活动负责人：_____

请问您是通过何种方式知道本会议中心？

_____

银行与信用担保

银行：_____账号：_____

已经举办过的活动（请列出活动名称、类别、举办日期、租赁场馆的名称

与联系方式）：

1._____

2._____

3._____

其他补充：_____

_____

签字人：_____　职务：_____　日期：_____

预订经理需要对所有递交租赁申请活动的风险和可信度进行评估。例如，这些活动是否可能会在社会上引起争议？但是潜在的争议不能成为拒绝出租的理由。一般情况下，预订经理在进行预订决策时，需要回答以下三个问题：

1. 所要举办的活动是否安全？

2. 所要举办的活动是否符合法律法规？

3. 如果不是，是否可以通过补救来符合相关法律法规的安全要求？

即便这个有吸引力的活动是安全的，符合所有法律法规要求，同时符合会展场馆的政策和程序，预订经理也应向申请者提出同样的问题。

场馆预订不仅仅是简单地接听电话，而是活动发起者可信赖的合作伙伴，具有一定的责任。预订始于发起人员联系场馆的预订经理，了解场馆信息和可用日期。预订经理有责任通过培养潜在的活动发起者，来确保场馆未来的业务。工作能力强的预订经理将寻求创建新的或替代的机会将场馆日期安排尽可能填满。

场馆方应向活动方提供利润最大化、风险最小化的环境。培育和维护活动发起者和场馆管理者之间关系的基本要素包括，保持与这些人的密切联系，不断了解客户并挖掘新客户。建立信任感和维护牢固的关系对于有效的长期合作关系至关重要。

在维持预订的成功率中，声誉和个人关系是最重要的考量。不道德的活动发起人通常会承诺和宣传具有吸引力的活动或者演出，但实际上提供的是不太受欢迎的活动。预订经理需要确认活动的内容或表演者是否很重要。这些都需要预订经理直接联系旅行社或代理商以验证预订举办日期的活动发起者的合法性。

四、主要租户和年度活动

许多场馆会根据多个主要租户制定年度和长期的活动时间表，如：

● 芭蕾舞团。
● 家庭剧场。
● 歌剧。
● 体育赛事。
● 交响乐团。
● 年度贸易类和消费类展览。

主要租户通常要求的举办时间，可能会大于实际需要的时间段。一旦主要租户的日期确认，场馆就可以开始其他活动的预订。如果不能有效管理，即主要租户实际需要时间段确定太晚，场馆就无法进行其他活动的预订。

主要租户对于大部分场馆来说是非常重要的，因为他们能给场馆带来以下好处：

● 保证每年在场馆中举办一定数量的活动。
● 显著提高场馆某些方面商业价值，例如：冠名权、饮料许可权、广告标识牌以及高级座位（套房、俱乐部座位、包厢等）
● 辅助活动收入，如特许经营和停车费收入等。

五、举办日期

活动发起人根据场馆可使用的日期分为三个等级：暂定的、确认的（但尚未签订合同）以及签约的。不同的场馆可能对于这些级别有不同的名称，并且一些可以具有中间级别，但一般按这三个类别划分。预订代理中介为安排好活动，会请预订经理在场馆日历上暂定开放日期。这一试探性暂时预订只是告诉预订经理，推广方对租赁场馆很感兴趣。

一旦预订经理同意具体的日期，活动发起方就可以进行以下安排：

● 活动可以在该场馆某一特定的时间举办。

● 与场馆时间表上的其他活动不发生冲突。

● 场馆具备举办该活动的能力。

● 该时间段将继续保留，未经活动发起方同意不得重新分配。

预订经理将此日期设置在场馆日历上，相信活动发起者：

● 认真执行整个活动或者表演。

● 有权利预订日期。

● 具有举办活动的财务能力。

● 如果认为不再可行，将立即空出该段时间。

将这些活动高效地安排到各区域的场馆是一项艰巨的任务，许多活动要素必须组合在一起。尽管场馆管理者对于举办日期过程内插入其他活动是谨慎的，但当活动发起者提出延长场馆使用时间时，场馆管理者也应当表现出积极的态度，这有利于维护与活动发起者之间良好的关系。

一旦活动的确切时间被预订，预订经理应将其他未被占用的时间段尽快释放到市场上。活动预订一旦确认，双方应签订一份合同，合同内容包括时间、租金以及押金等条款。预订时间确认如表 4-2 所示。

表 4-2　预订时间确认表

步骤	流程
暂定的	询问： ● 日期是否可获得 ● 有没有活动 ● 潜在使用者合规吗 ● 是否同意合同的基本事项 如果以上答案为"是的"，则可以开始确认具体的日期

步骤	流程
确认的（尚未签约）	● 活动发起者合规 ● 合同事项协商 ● 合同谈判 ● 对日期的再次确认
签订合同	● 签订合同并寄回 ● 支付订金 ● 设备合同签订 ● 票务准备

六、日期保护

不同的活动发起人极有可能向会展场馆方预订同一日期，以符合活动参与者的习惯或便利。这种情况不仅不利于场馆的运营，同时也会令公众对活动感到困惑。例如，在一个月内举行两场大型马戏活动，或在一周内同一个音乐厅举办两场大型音乐会，这通常被认为是不明智的做法。同样，在同一场馆中，类似主题的贸易类展览或消费类展览不宜举办时间太接近。

为避免这种冲突的发生，一些地方管理机构制定了调度标准，要求在类似活动之间有合理程度的分离，这种政策被称为"保护政策"，保护会展活动的利益相关方。以×××会议中心为例，该场馆管理方详细规定如下：

日期保护适用于本场馆20%或以上类似参展商参加的活动，并对公众开放，不限通常属于行业或专业协会的明确界定的人员。

租用整个宴会厅或总建筑面积超过 1000 平方米，并积极争取专业和特定本地市场的类似活动，应在第×活动日和最后×活动日之前保持以下间隙期：

- 45 天：公众/消费类展览（例如：游艇展览、家居类展览等）。
- 30 天：艺术类/手工艺品类展览（例如：古董展览、拍卖活动、婚庆展等）。

不属于上述任何一项的活动将由场馆自行决定。虽然有预订和保护政策，但场馆经理应按场馆的经营目标对场馆日历和决策做出最终决定。

明确表述和适当强制的保护政策，是活动成功举办的有效工具。但在一些情况下，保护政策可能会面临一些挑战，如预订经理采用两周保护期的策略，为会场预订小型活动，如摔跤活动；不久之后，场馆总经理获悉，场馆有机会举办大型国家级职业摔跤比赛。为了举办更大型的活动，提供给小型活动的两周保护期将不得不受到影响。那么管理者是遵守保护政策，放弃举办较大型的活动？还是忽略政策，同时安排这两场活动呢？这就需要场馆管理者表现出极具创造力的灵活性。解决方案之一是场馆管理者提供以较低的租金重新安排小型活动，或是将小型活动外包出去。

预订经理意识到保护政策可以保护场馆内的活动，但不一定针对整个市场举办的活动。多数情况下，如果活动在同一地区的场馆结束，并不能禁止该活动在其他场馆举行。例如，每年秋季是婚庆展览的高峰期，可能每隔1—2周，上海就有一场婚庆展。从这个角度看，场馆管理者只能在同类活动中，尽可能选择优质的活动发起者，以提高场馆的声誉。

第三节 会展与活动场馆租赁合同

一、租赁合同内容

《中华人民共和国民法通则》第85条规定：合同是当事人之间设立、变更、终止民事关系的协议。依法成立的合同，受法律保护。《中华人民共和国合同法》第2条规定：合同是平等主体的自然人、法人、其他组织之间设立、变更、终止民事权利义务关系的协议。广义合同是指所有法律部门中确定权利、义务关系的协议。狭义合同是指一切民事合同。另外，狭义合同仅指民事合同中的债权合同。

一旦活动发起人与场馆方达成一致，并且确认保留，预订经理将签订合同。场馆租赁核对的具体细节应简明扼要地列出，大致包括以下内容：

- 举办活动的名称和内容概述。
- 举办活动的具体时间。
- 活动所需租赁的场馆面积。
- 财务条款和注意事项。
- 合同返回的截止日期。
- 进场日期。
- 加班费用的支付方式。
- 销售代理权归属及费用。
- 设备设施服务及相关参考。
- 预期基本绩效的沟通。

签订合同之前，场馆的项目经理或预订经理会向活动发起者提供一系列关于本场馆各类报价和场馆设备设施参数的表格，供租赁方参考和选择，如活动场馆租赁表、会议场馆租赁表、音像及电源设备租赁表等。

场馆管理者向活动发起者发出合同即构成要约行为。在合同具有法律约束力之前，接受方必须针对提议进行磋商，双方达成共识。此外，活动在举行前，还可能就活动的内容、安保措施等向地方相关部门递交申请，并等待审批回复。

二、合同要点

一旦正式合同签署之后，场馆方对租赁方所有的合同条款将开始生效。在合同磋商的过程中，各类条款和细节需要不断被确认，避免在合同执行过程中发生不必要的纠纷。一些设施使用合同或许可协议采用标准格式，使用"填写空白"类似的格式，这些设施使用合同，在签订过程中应简化流程，并以标准化的模式完成。

合同的磋商以及协议的达成需要更进一步的准备工作，对于原始标准设施文件来说，必须经过律师的审核。私人活动合同审核是否需要律师由场馆经理决定，除非这类活动有相关规定必须要律师签字。除了一些场馆租赁通用的模板信息之外，若在协商之前还须解决哪些方面的问题，必须制定一份全面的清单明细，列出主要事项。在基本信息的基础上，场馆租赁合同谈判双方可以就特殊条款、条件和双方将获得的利益等项目进行集中磋商。

合同是平等的当事人之间设立、变更、终止民事权利义务关系的协议。合同作为一种民事法律行为，是当事人协商一致的产物，是两人及以上协商相一致而达成的协议。所有的合同必须满足以下四项基本要求：

1. 双方同意所有合同条款。
2. 当事人必须具有订立合同的法律权利和能力。
3. 所有缔约方必须对服务或规定做出适当和公平的考虑。
4. 提供协议条款。

合同的订立必须有合法的目的和方法。在法律上，合同是双方或多方为建立、变更或解除法律关系而达成的协议。场馆经理必须明确合同的主要目的是对以下利益相关方的权益起到保护作用：

1. 场馆的所有者。
2. 使用场馆设施的组织与个人。
3. 活动参与者。

场馆租赁合同必须包含的基本内容如下：

1. 法律文件的形式，如以合同、执照、租赁协议或许可证的形式。
2. 场馆设施描述，包括场馆的名称、地点、城市、邮政编码、联系电话和传真号码等，一定要包括法律术语，如市政公司、股份有限公司、合伙企业、合资企业等。

3. 使用者描述，包括签订合同组织的商业名称、地址、城市、邮政编码、活动联系人、电话号码和传真号码等。

4. 活动描述，活动名称、活动具体租赁面积，以及各租赁空间在活动过程中的具体用途。

5. 活动日期，包括进场日期和离场日期。

6. 活动时长，活动举办需要的时间，包括进场搭建的时间和离场撤展的时间。

7. 活动时间表，具体列明活动期间（在特定的日期或时间内）发生的项目。

8. 场馆描述，准确列明租赁的场馆空间。这对于那些拥有各类不同设施的场馆特别重要。使用者（租赁方）必须知道，其所租赁的是某一特定的空间，而非整个场馆。除非合同列明，使用者（租赁方）的确是租赁了整个场馆的所有空间。另外，应说明本组织将或不将使用公共区域进入和退出活动。

9. 租赁费用，说明租用场馆的具体金额或门票销售的百分比，或基本租金与门票销售的百分比的组合。其他用户的费用包括：设备租赁使用、劳动力、特许经营权、停车费、食品饮料、招待、鲜花、音响设备等。

10. 支付时间表，说明具体的费用支付时间节点，包括：合同签署后的订金、最低租赁费用、服务人员费用、设备租赁费用等。

11. 保险，包括确定保险范围的准确类型、责任限额和范围以及合格保险公司。注意：在活动开始前多少天，应出具一份保险证明。

12. 赔偿条款，包括特定的语言提示保护措施，及其经理、雇员、代理人和客人免受因用户的行为或不作为而引起的法律行动的伤害。

13. 撤销条款，必须明确说明在任何一方取消的情况下，各方之间的风险分配。

14. 律师费用，多数律师支持在诉讼中，非胜诉方必须向胜诉方支付律师费和诉讼费。

15. 不可抗力，这项条款说明在发生地震、火灾、内乱、罢工、停工、洪水、战争或场馆方无法控制的其他情况时，场馆方将不承担任何责任。

16. 非合伙人，除非特别说明，一般情况下，租赁方与场馆方之前不存在合伙人关系。

17. 通畅说明，包括保持活动人流和物流通畅的细节，例如人行道、坡道、入口、门厅、大堂、楼梯、电梯、走廊、车道、消防栓、采暖和空调通风口、照明设备和消防喷水灭火系统，以确保顾客的安全。未经会展场馆管理层事先书面同意，租赁方不得对设施进行任何改造。

18. 签名和公司盖章，在文件的末尾应留有足够的空间，以便用户签名。如果用户是公司，还需合同双方要加盖公司印章。

19. 会展场馆提供的基本服务，作为租赁协议的一部分场馆方通常提供以下服务：供暖、灯光、空调、清洁、水、下水道和天然气。合同里需明确哪些服务包括在基本费用里，哪些服务需要另外收取费用以及如何计费。

20. 场馆控制权的明确，必须在合同中明确，任何情况下，场馆经理都是场馆的控制方。

21.修改协议，协议或合同有任何内容的修改，必须得到所有签署方的同意。

以上列出的是场馆租赁合同的一些基本条款，针对不同的活动，活动发起者和合同内容会有所不同。很重要的一点是，在合同起草之后，必须通过律师的审核，确保合同符合国家法律和地方相关法规的规定。

第五章

会展与活动场馆市场营销

场馆经营成功与否，很重要的一点在于场馆方的市场营销能力和活动促销力度。市场部在整个场馆的运营过程中扮演着十分重要的角色。市场部必须把场馆的各项关键信息及时有效地传递给场馆需求者，包括活动组织者、社区以及相关利益方。场馆为展览、体育、娱乐、会议及文化艺术活动提供安全和舒适的举办场所。场馆在运营过程中满足经济诉求和社会需求。成功的场馆营销包含以下关键要素：

- 持续不断地推广。
- 业界的认可。
- 以广告、促销和活动赞助的方式与媒体及当地企业合作。
- 主管部门的支持。
- 有效的场馆管理。

随着各地越来越多的会展与活动场馆投入建设，场馆之间的竞争日趋激烈。场馆的竞争不仅是同一地区，更多是场馆所在目的地之间的竞争，特别是对一些大型活动的吸引。因此，专业的场馆经理都知道，坐等业务只能获得非常有限的场馆时间表。通过对需求者进行广泛深入研究，与产业建立密切的联系，积极寻求产生经济效益和社会效应的标志性活动等，这才是成功经营的场馆所具备的应有特点。为实现场馆的成功运营首先要有全面的营销战略计划，本章将阐述如何发挥场馆管理营销能力，为实践提供参考。

第一节 会展与活动场馆市场营销概述

一、会展与活动场馆市场营销部门职责

一般而言，场馆市场与营销部门的职责涵盖以下内容：

- 场馆向所有利益相关方进行品牌推广。
- 场馆年度营销计划制定，包括广告、促销、宣传等。
- 营销部门制定预算，并进行有效监管。
- 场馆及活动的全覆盖宣传，可以提高公众和业界对场馆的正面认知。
- 接洽广告代理机构，协助场馆的广告、营销以及推广活动。
- 投放与活动相关的广告。
- 向市场出售广告牌、赞助、优选座位、冠名权以及其他商业权利。
- 保持积极不间断的宣传，与媒体和社区保持密切的关系。
- 进行客户满意度调查。
- 数字营销活动，包括网站、社交媒体活动等。
- 管理和执行与外部各项营销相关的服务合同。
- 监测地区场馆的各类活动。
- 追踪当前社交媒体发展趋势并适当使用它们。
- 进行常规的数据库管理、数据挖掘和分析。
- 进行团队票务销售。
- 与当地会议与观光局及其他相关部门协调市场推广工作。

无论规模和类型，任何场馆都需要有营销战略计划。营销战略计划为整个场馆的运营提供了战略定位，能最大程度地挖掘场馆商业潜能，同时实现本场馆的战略目标。各个场馆在制定营销策略时，必须先回答这样几个问题：

- 是什么让本场馆不同于竞争对手？
- 是什么使活动发起者和组织者预订本场馆？
- 通过何种有效策略可以实现门票销售和活动出席率的最大化？
- 场馆的优势在哪里？劣势有哪些？
- 场馆的竞争威胁可能是哪些？
- 有哪些潜在的竞争机会？

场馆经理需要制定切实可行且适用于不同商业环境的计划，该计划必须完全符合本地市场。市场营销部门工作的最终目的就是通过有效的营销策略增加场馆的业务，提高场馆的收入。

二、会展与活动场馆市场营销负责人

任何场馆无论大小，应至少有一人重点负责场馆营销，一般被称为场馆市场营销总监，其主要职责和能力包括：

- 全面了解和掌握市场营销战略及各类销售策略。

- 全面了解本地市场。
- 具备良好的场馆票务营销能力。
- 对场馆客户和数据库的有效分析能力。
- 建立与活动发起者或主办方之间的互利关系。
- 建立与地区或国家媒体之间积极的关系。
- 为传统和数字平台制作创意推广活动。
- 建立、监控以及定期更新场馆风险管理计划。
- 与相关利益方保持密切联系，如当地会议与观光局（CVB）、文化和旅游局以及各商会、行业协会、体育委员会等。
- 全面严格执行市场营销计划。

优秀的市场与销售总监需具备各类技能，他们能否出色地完成工作，很大程度上决定了场馆能否成功运营。

三、会展与活动场馆营销要素

场馆营销成功的关键既包括场馆管理能力，又包括与行业建立密切的联系。所有成功的场馆营销团队都有一些共同的特征：

- 拥有一支素质良好、行业知名度高的销售团队，为场馆举办的各类活动提供专业的服务。
- 稳固且不断强化与活动预订方之间的关系，例如艺术家代表、中介机构、活动承办方以及展览主办方等。
- 与地区场馆利益相关方保护有效的合作关系，例如会议与观光局（CVB）、各商会行业或协会以及其他组织等。
- 与本地媒体和业务合作伙伴发展良好的关系，以实现更有效的营销传播和促销活动，从而提高活动的出席率和门票销售。
- 市场营销部必须通过创造性的方式来吸引新的活动发起者注意，同时保持现有客户的忠诚度。场馆经理和市场部通过直销和行业广告两种方式获得活动发起者的关注。
- 参加会展行业的会议和颁奖典礼，拜访活动发起者和中介机构，或邀请承办方和会议策划者的场馆所在城市，参加一些特别的活动以及游览目的地。
- 为了吸引活动发起者，场馆不断寻求和创造各种机会，提升场馆品牌知名度，向市场传递积极正面的形象，吸引各类活动。

第二节　会展与活动场馆的活动营销

一、内部广告服务

场馆营销部门经常代表活动推广方，充当内部营销机构。虽然活动发起者对自身活动有比较全面而具体的认知和了解，但一旦换个目的地，情况就会发生很大的不同。例如，张学友的全球演唱会巡演至上海，其票务及售票方式与在伦敦的情况可能完全不同。为了让推广人员对活动的可行性做出正确的决策，他们需要准确的市场人口统计信息、可接受的票价、首选活动日期以及活动开始时间、预计的活动出席率等重要信息。活动营销部门开发自己的内部广告代理机构，可以通过降低成本或增值服务向促销人员提供以下产品：

- 在本地及地区媒体刊登广告。
- 通过与当地媒体的批量采购建立与场馆之间的关系，从而降低广告费。
- 参与媒体和当地商业合作伙伴的活动赞助。
- 通过获得广告以换取赠票来减少现金支出。
- 创造适用于特定活动、营造积极公共关系的故事。
- 根据场馆客户数据库分析预售门票能力。
- 争取获得企业赞助，进一步降低广告和促销的成本。
- 有能力向活动推广方提供一份清晰、有文件证明的媒体协议。

虽然一些场馆通过广告位和其他服务来获得收入，但提供内部广告的初衷是为那些使用场馆的人提供增值服务。

二、活动广告和促销

高效的市场营销可以帮助特定场馆达成目标。有效的广告宣传策略是实现门票销售目标的关键。活动发起者向当地营销人员给出广告预算，营销人员根据预算制定相应的广告方案，进而执行。营销经理制定广告计划时必须充分考虑以下几个问题：

- 活动的目标受众是谁？
- 活动的开始时间？活动的结束时间？
- 广告应该什么时候在媒体上播放。
- 直接营销是否应该包含在广告计划中？
- 如何运用数字媒体？
- 社交媒体扮演怎样的角色？

1. 目标受众

媒体关注的目标受众通常包括：年龄、性别、地域、收入、受教育程度和兴趣领域，目的是在预算范围内实现尽可能高的覆盖范围和频率。营销经理应确定什么样的媒体组合才能使营销活动在最高频次到达最大的目标受众。各媒体机构的销售代表可以提供有关领域的具体数据。场馆营销经理也使用该信息估算哪类媒体产品和哪类营销设计将能为目标受众带来最高的曝光度。

2. 广告运作周期

营销经理决定广告活动开始和结束的时间。广告运作周期的制定基于两方面考量：预算和活动销售历史。例如，广受欢迎的活动可能在广告代售日期之前仅需要几天就销售一空，而有的活动的销售时间可能会持续几个月。营销经理在决定广告运作周期时，要尽可能了解销售模式。除此之外，营销经理还应研究其他市场的活动销售模式和广告计划。

3. 在选定的媒体上播放广告

传播时代和"触屏时代"的来临，使得更多的广告被投放到新媒体上，而印刷广告的尺寸和位置要确定下来。在评估这些决策时，重要的是要兼顾创造性与可操作性。媒体销售代表应制定时间表，为预算提供尽可能高的覆盖范围和频率。在时间表的基础上，稍作调整以满足活动方对吸引目标受众的诉求。

4. 数字媒体

传统媒体渠道，如报纸、广播、电视等对于年轻一代消费者已经失去了吸引力。数字媒体的持续增长，如今场馆营销人员可以在网站上插入跟踪装置，网站访问者离开场馆网站后通过互联网来追踪他们。这就是为什么消费者在逛商品网站后会看到同样的广告或搜索关键词重复出现在其推送网页上。这种广告模式被称为"重新定位目标"。

搜索引擎营销也是必不可少的。采用购买搜索引擎中可能被搜索的词，当客户搜索"演出"或"娱乐活动"等关键词时，场馆的信息和链接会根据付费情况依次呈现。其他数字指标允许对门票销售反馈进行跟踪。一些移动广告的最新技术允许广告商在特定的地理区域内进行"地域推广"。

5. 社交媒体

营销人员选择将广告投放在社交媒体平台上。越来越多的经验和案例显示，使用社交媒体平台来制造知名度和轰动效应是最有效的。创建有效的社交媒体对于场馆营销是最重要的。技术的复杂性和所有的事物快速数字化，场馆在营销之前应考虑与数字营销专家进行定期咨询。

三、媒体渠道选择

目标市场一旦确定，营销总监必须决定哪些媒体会最有效地进入市场。常见的媒体形式包括社交媒体、电台广播、电视和其他媒体。

1. 社交媒体

社交媒体的出现及其在宣传中的使用，极大地改变了场馆宣传展会活动的方式。不断变化的媒体允许艺术家和活动承办方以表演者的身份在特定地点举行活动。因为其低成本和可达到数千或上万的潜在客户的能力，社交媒体可以成为所有类型产品广告宣传活动的工具。为了使其有效，市场营销人员必须投入大量的时间提供新鲜并吸引人的内容。许多场馆正在尝试招聘专门的社交媒体专员，专门负责这一领域的工作。

2. 电台广播

活动营销中的电台广播仍然是有效的广告工具，尤其是一些艺术家的音乐会。电台广播的主要优点是以流程化的方式吸引特定的市场，很容易识别哪个节目符合该场馆的活动。广告信息的频率和长度，以及选择安排广告的最佳时间，是制定促销计划的重要考虑因素。对于一些会展活动来说，此类推广支持是非常宝贵的。

3. 电视

近年来越来越少的人观看电视直播。尽管如此，电视仍不失为一种具有广泛吸引力和强烈视觉创造性的广告形式。这种媒介运用视觉、声音和动作来传递广告信息。对于有着强烈视觉冲击力的活动，比如体育赛事和家庭秀，电视是最有力的传播媒介。电视广告的劣势在于费用昂贵，尤其是黄金时段节目的广告权。买家可以通过比较电视广告和广播广告的费用和影响力进行判断，哪种广告形式在范围和频率上影响力最广。

4. 其他媒体

其他媒体形式如电子广告牌，它可以是固定的或移动的，两种广告牌都能够灵活和频繁地更新信息，还有可能以比传统广告牌更加合理的花费接触到更多的受众。另外，其他的媒体还包括人行道粉笔画、传统的引导标识和海报等。

四、公共关系

作为场馆的对外联系部门，营销部门必须策略性地在当地媒体和行业刊物上刊登与场馆和活动相关的正面报道。公共关系就是在组织和公众之间建立互惠关系的战略沟通过程。当营销人员与媒体保持积极的关系时，他们往往得到更有效的报道。

几乎每场活动都会有一些充满人情味的故事。在活动中表演的艺术家可能与社区有联系，营销部门可能会安排马戏团小丑去当地的儿童医院，或者让来访的专业运动员给他以前就读的小学的学生朗读。这些活动都可能吸引当地媒体报道。一旦媒体进行了报道，也就给活动做了宣传。

市场营销部用来宣传活动或地点信息的一种行之有效的工具是新闻稿。一份有效的书面新闻稿可以促使当地媒体产生与即将到来的活动相关的报道。当地晚间新闻上一则有趣的故事，可能会比晚间 8 点档的 30 秒付费广告吸引更多的潜在客户。随着相机和电脑编辑技术的进步，场馆营销经理还可以制作原创视频和音频内容发布到社交媒体。

五、商业权利出售

商业权利是指场馆出售某些无形资产，从中获得非活动收入。这些权利对公司和企业来说是一种价值，可以从场馆、租户和活动的从属关系中获益。这些资产的销售代表长期的、合同约定的收入来源包括：

- 冠名权。
- 饮料垄断权利。
- 赞助。
- 广告牌。
- 纪念品。

场馆有义务履行商业权利协议中所述的需求。例如，××公司以每年 200 万元人民币的价格购买××球场的十年冠名权。虽然这种方式被视为营业收入，但收入的一部分可以用于履行合同的要求。通常情况下，冠名权赞助商会提供一份"履行福利套餐"，其中包括免费套房、俱乐部席位、标识牌和停车特权。如果这些条款的估值达到 20 万元，那么此时冠名权带来的收入被当成是 180 万元。

场馆商业权利的销售取决于销售部门、市场部门或专门从事商业销售权利的第三方承包商。无论责任在哪方，重要的是确保商业权利客户是高兴的，满意的并倾向于在适当的时候续签合同。

1. 冠名权

冠名权的出售是资助新建筑或场馆恢复活力的关键组成部分，也可能被视为营业收入。所有类型的场馆都有机会利用命名场馆或个人空间内的场馆作为收入来源。冠名权协议的时长和范围取决于许多因素，包括场馆大小、类型、地点和租户等。

出售场馆冠名权时必须充分考虑时间和实现成本。常见的误解就是冠名意味着所有权。当冠名改变后，管理层必须考虑更换的时间和重新冠名品牌场馆的必要费用。

2. 饮料垄断权

饮料垄断权是指饮料生产商或经销商在特定的场馆、展会活动或机构销售的独家权利。饮料垄断权协议包括标识、高级座位和促销活动等。饮料供应商通常会对这些元素进行溢价，以获得"独家"的灌装权，排除其他竞争对手。

酒类饮料一般是被排除在外的。无论是否拥有零售酒类许可证（有代表性的特许权获得者）都不能向个人或公司征求酒精饮料的赞助，场馆管理者必须守法。

3. 赞助

场馆尽可能地提供各类赞助机会。营销部门的主要职责是确定这些赞助所能提供的收入的潜力。可进行场馆赞助的方面包括：售票处、票务系统、美食街、信息问询处以及其他室内或室外空间，或在整个场馆上标注有特色的标题赞助。

赞助商也希望将自己的名字与特定的活动紧密联系，包括标题内容或可能与媒体赞助商一同展示赞助商名称。在大多数情况下，场馆虽然不直接受益于活动赞助所产生的收入，但这有助于维系与活动承办方的关系。

4. 广告牌

广告牌可能是比较传统的商业权利，除了静态或电子的广告牌以外，场馆的广告牌还可以是：

- 记分牌。
- 电子留言板。
- 背光展示柜。
- 户外顶棚。
- 出入口广告标识。
- 广场电视监视器。

这些区域的广告牌定价相对容易承受，可以吸引更多的中小企业。场馆广告典型的业务种类包括：

- 航空公司。
- 汽车。
- 银行。
- 饮料公司或经销商。
- 保险。

- 媒体。
- 房地产。

5. 其他广告机会

除了上述提及的广告收入以外，以下领域的销售也可成为场馆扩大广告收入的其他来源：

- 门票（纸质或电子版）。
- 活动项目。
- 场馆通信。
- 戏单和戏剧季手册。
- 座位图表。
- 活动日程安排。
- 场馆网站。
- 促销赠品。

通过市场营销或广告渠道筹集额外资金是无止境的，过度的广告可能引起受众的反感，产生负面影响。市场营销部必须谨慎销售广告，以免产生混乱，降低场馆的吸引力。过量的广告投放也可能使场馆内的客人很难回想起广告信息。能够使客户记住广告商对公司寻求获得在他们的广告投资中的回报是非常重要的。客户对广告商的记忆程度对于场馆经理寻求吸引新的或保留当前的广告商是非常重要的。专业的场馆经理应当进行定期的调研分析，以确定他们招揽回头客的能力。与现有或潜在广告商进行谈判时，这些信息非常重要。

6. 纪念礼物捐赠

捐赠与赞助的不同之处在于，捐赠做出的贡献往往是利他行为。捐赠的好处是能通过纪念礼物被认可，比如在长椅或席位上的纪念奖章等，以会议室或酒店命名的捐赠或委托作品。纪念礼物捐赠通常不计入年运营收入。

高等教育机构针对校友、商界、慈善组织以及公众，开发出一系列的捐赠项目。当捐赠者、企业希望支持社区时，场馆可以研究开发类似的捐赠项目。尽管捐赠项目看起来不像赞助协议一样能带来短期利益，但这的确可以协助捐赠者树立良好的声誉。

第三节 会展与活动场馆业务信息来源

一、会展与活动场馆数据库

收集业务线索，分析研判，然后跟踪它们，并将其转换成现实的客户，这是任何公司想要找到新客户的必要工作。这是一项需要技能、资金和时间三大资源的任务，被称为购买漏斗，也被称为销售漏斗或决策漏斗。如图 5-1 所示。

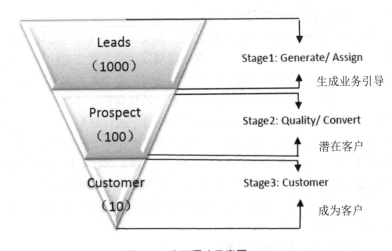

图 5-1 购买漏斗示意图

资料来源：Davidson R & Hyde A (2014). Winning Meetings and Events for Your Venue, UK, Goodfellow Publishers Ltd.

在整个"购买漏斗"过程中，从生成业务引导开始，积极收集潜在客户信息，并进行整理，同时在电子数据库中作为营销过程的一部分来存储。需要记录的信息要素包括：

● 名称。

● 标题。

● 公司名称、电话号码。

● 电子邮件地址。

● 是什么使个人或公司成为线索。

这些只是基本信息，如果需要进一步，应记录每一项线索的综合信息，包括活动的数量及类型、组织活动的频率，以及代表市场的部分（企业、协会、政府等）。事实上，关于线索的任何信息都是有用的，可以帮助转换成客户信息记录下来，也可能会延伸到个人信息，比如客户是否喜欢打高尔夫球等，甚至是他们的生日，或者他们孩子的名字，所有这些信息在与线索建立关系上都是有用的。

由大量商业线索组成的数据库是场馆的无形资产，也是营销人员的宝贵资源。这种资源，不仅需要创建，更需要管理。所谓管理就是不时地"清理"，消除过时的线索，更新细节。数据库管理是一项耗时的工作，一般场馆有专门的员工或实习生负责这项工作。

二、会展与活动场馆已知受众

在对场馆的多种资源进行管理之前，需要密切关注那些已经与场馆销售人员接触过的客户。现实情况是这些客户可能发生的潜在业务往往被场馆销售人员忽视。客户活动结束后与场馆方的后续会议，是非常关键的环节，目的是给活动复盘。后续会议应鼓励双向交换意见，场馆向客户提供反馈，并在场馆表现方面征求客户的意见。场馆经理先对内部员工进行意见征集，包括餐饮、安保、接待等，得到各部门的反馈。场馆管理者要在一定程度上接触客户，检查活动有没有在正常运行之中，一旦发生任何问题，后续会议为双方提供解决办法的机会，为下次活动做准备，同时也彰显场馆管理方的专业素养。

后续会议的价值，远远超出它们作为有效反馈来源的重要性，这也是提高场馆客户满意度的有效途径。

三、会展与活动场馆的老客户

赢得之前没有订过场馆客户的业务是广受关注的，然而老客户作为潜在业务来源常常被忽视——客户在活动后不再预订场馆，虽然展览场馆一般很少发生此类情况，但其他场地还是需要老客户的光顾，或者出于某种原因停止与场馆方的长期合作协议。

有效的客户管理包括：调查那些客户停止使用场馆的原因，而后尝试重新激发他们的兴趣。客户终止场馆业务的原因可能是：

- 活动主办方在场馆的使用过程中未达到预期效果。
- 对接人员发生变化，即原来的预订场馆人员离开或更换。
- 活动发起者组织内部发生变化，搬迁或者离开原有区域。
- 活动规模扩大需要更大的场馆。
- 活动只是一次性举办。
- 场馆销售人员更换，新经理没有关注到这个客户。

无论出于什么原因，场馆方都应积极联系老客户，尝试说服对方再次使用场馆。老客户在一定程度上可以给场馆方节省人力成本和时间，因为已经举办过活动，对场馆的信息都比较了解。

如果是上一次与场馆合作后，相隔时间较久，客户应及时了解场馆内的新项目开发，如场馆改扩建、设施翻新、新产品或特别优惠等，这些因素都可以为与客户再次合作提供机会。客户管理的关键要素是销售人员与老客户的面对面交流，讨论各类新开发的项目，以及老客户的需求发生了怎样的变化。

四、未实现的业务

一些场馆会建立潜在客户数据库，这些客户的业务是没有实现的，被场馆方拒绝的活动（被称为"拒绝的业务"），可能是因为场馆没有可用的预定日期，或是询问者的要求不太适合这个场馆，或者询问者的预算太低了。在任何情况下，拒绝的理由都应记录在数据库中，这是今后洽谈业务时的有用资料。

这些客户是场馆潜在业务的宝贵来源。因为此类客户已经对场馆进行了初步的询问，表达对场馆感兴趣。因此，有必要联系他们，确定是否还有举办其他活动的可能，以及是否可能说服他们未来预订场馆。场馆数据库中已经存在的这些联系人可以成为业务来源，通过在数据库中不断添加新的线索，以打开新的业务市场。

五、网络工具

以本地市场为目标的会展活动场馆，当地或地区媒体可以成为有用的信息来源，包括新开业和扩张，以及重要人士晋升等。例如，在场馆附近开设的新企业可能需要会议室来面试和培训新员工。

1. 互联网搜索

互联网为场馆提供了非常有价值的工具，用于对特定细分市场或个别公司进行搜索，以扩展他们自己的数据库。例如，场馆工作人员可以在网上搜索：

- 不同的细分市场，如制药、信息技术公司、金融服务和其他相关协会。
- 特定公司细节和联系信息，以及在活动中使用的场馆类型。
- 一些公司有权选择场馆的经理。例如对于想要在当地培训人力资源专家的培训场所来说，互联网可以是非常有效的搜索工具。

2. 社交媒体

随着微信、微博（脸书、推特）和领英等社交平台的出现，商业社交网络的世界既是传统的面对面线下聚会，也是在线互动的过程。通过添加适当的搜索标准，如"活动"+"策划者"以及相关的地理范围，可以立即生成匹配这些标准的订阅者列表。这些线索可以被添加到场馆的数据库中。

3. 场馆网站

调查显示，在过去十年里，活动策划者在寻找和评估潜在的场馆时，已出现向线上发展的趋势。如果他们正在对某一地点进行实时搜索，那么线上新兴点往往会首先出现。作为对这一趋势的响应，许多场馆不再使用印刷宣传册，而是寻求最大限度地提高其在线展示的有效性，特别是通过场馆的官方网站和使用电子手册，我国通常使用微信公众号或小程序等方式。

网站成为场馆网上的门面。精致而人性化设计的网站可以增加点击率，建立场馆的线索数据库。网站可以采用下列技术吸引访问者浏览：

- 对促销活动的响应。
- 发布研究报告。
- 第三方网站。

场馆的官方网站信息非常重要，特别是在保持已有客户和吸引潜在客户方面，说服他们进行预订。受欢迎的场馆网站一般都具有以下特征：

- 网站界面简洁明了，便于访问者能够快速浏览网站内容并找到他们正在寻找的信息，过多的文字会减慢访问者的搜索速度。
- 网站访客首先看到的信息应当是场馆的位置。为显示场馆的位置，可以在主页面甚至是所有内页的侧边栏中添加地图。
- 访客可以在网站上下载他们需要的所有材料，如平面图、参展商手册、健康和安全条例等。
- 各类证书（经许可）对客户来说非常有说服力。简短的证明可以是书面的，也可以是个视频，即活动策划者用一分钟的视频来表达他们对场馆的满意度。
- 场馆成功举办的案例展示。案例展示可通过主办活动图片，活动组织者甚至参与者的证明来强化效果。
- 场馆虚拟参观。制作精良、360 度的会场内外视频不仅引人注目，而且能让潜在客户在电脑和其他设备上了解会议室和公共场所。
- 表格在线填写。网站访客通过完成简单的表格，可以获得所有问题的答案。

六、营销联盟和场馆协会

除建立正式的推荐系统之外，许多场馆还联合起来创建属于自己的营销联盟，为活动策划者提供中心咨询点，通常是网站或会员名录。例如，英国伦敦场馆联盟（Unique Venues of London Venue Hire London Corporate Venue）是伦敦威斯敏斯特教堂、伦敦交通博物馆和帝国理工学院等 80 多个标志性场馆的营销联合体。该组织的营销支持服务旨在向其成员场馆提供各类营销活动，生成新业务线索。又如，国际会议中心协会（www.iacconline.org）作为世界知名场馆协会，为会员单位提供一系列行之有效的营销支持服务。

第四节 与会展活动中介机构合作

一、会展活动中介机构类型

一般而言，大型协会、机构和企业都有自己的内部活动部门，负责组织各类活动并为其找到合适的场馆，但有时候仍然需要中介机构的协助，如公司规模不大或者举办活动不是很频繁，或者仅仅是出于内部成本控制的原因，不设立专门机构。越来越多的企业在选择场馆时会使用专业机构的服务。

有的客户会通过一家公司来找活动场馆，然后雇佣另外一家公司进行活动的策划与执行。在任何情况下，客户负责活动的内容包括活动主题、演讲议题、演讲者的选择等。中介机构负责寻找场馆、合同谈判和处理现场活动管理等工作。当然，越来越多的中介机构以战略合作的方式，协助企业方进行整体活动策划，其职责延伸到了规划实际内容等方面。

从场馆方的角度出发，中介机构是关键的中间商，它们将自己与潜在用户联系在一起，并成为有价值的额外销售部门。中介机构一般根据所提供的服务进行分类，除了场馆租赁以外，还提供如酒店预订、活动管理和委托注册等其他业务。

会展活动中介机构可以小到个体经营，大到国际性组织，规模不一。有些中介机构提供某一专门类型的活动，例如医疗会议、政府活动或汽车新品发布会等。大型中介机构采用不同的团队，具备特定领域的专业知识，其他机构专门为协会和会议市场规划和运行活动。

从客户的角度出发，在场馆选择过程中，中介机构的主要作用在于通过专业的场馆知识为客户节省宝贵的时间。场馆的需求方——客户只需提出要求和标准，例如日期、活动参与者数量、是否需要住宿，以及其他活动所需的特殊要求，如场馆是否提供高尔夫球场或水疗服务等。中介机构将客户的需求与它们数据库里的场馆进行匹配，向客户提供合适场馆的简要列表。

二、会展活动中介机构报酬

如何支付会展活动中介机构薪酬？虽然许多中介机构的场馆服务由他们推荐的场馆支付佣金，但其他机构，包括那些代表其客户承担更广泛任务的机构，可以通过多种服务方式得到报酬。会展活动中介机构薪酬支付方式分五种类型：

● 佣金。

- 预算百分比。
- 按小时计费。
- 过夜天数计费。
- 固定费用。

加成和佣金是最不受欢迎的定价选项，主要是场馆租赁价格日益透明。对于加成和佣金，支付给会展活动中介机构的价格对客户并不总是透明的。评级机构及其客户更倾向于采用固定费用的方式。

三、场馆如何与会展活动中介机构有效合作

对场馆而言，与中介机构保持积极合作关系是非常重要的。中介机构能为场馆方带来大量潜在业务。在整个合作过程中，场馆管理者以互利双赢的方式管理及维系与会展中介机构的关系。

场馆方、中介机构和客户之间的有效沟通，对于整个活动过程的顺利进行至关重要。专业的中介机构是场馆和客户之间有效沟通的渠道，销售过程更顺畅，对各方都有利。这些机构主动向客户推广场馆的优势及其增值服务，而不是简单地告诉他们场馆租用的价格。

为了让代理人员了解场馆的优势和特点，场馆销售经理应该定期与代理人员见面，将场馆的各类信息及时呈现给客户。只有各中介机构了解场馆如何真正满足客户的需要，才能以适当的方式推荐场馆。

一些中介机构可能不愿意透露他们的客户或潜在客户是谁。对于那些不知道客户是谁的场馆来说，可能存在这样的挑战——通常是需要避免冲突，即在同一场馆举办由两家相互竞争的金融机构举办的活动。场馆与中介机构另一项重要的合作关系是财务方面，特别是在中介机构给场馆带来业务而收取佣金的情况下。

第三方介入场馆预定时，与场馆和客户之间的金融交易会出现各种意想不到的情况，如由于客户已向多个中介机构发布了其活动，场馆可能会收到来自不同代理的相同询价。在这种情况下，透明度是极为重要的。场馆方应向第二个机构表明，已经收到另一机构的询问。关于哪个代理收取佣金，最明显的答案是，无论哪个代理，第一确认预订的都要支付佣金。

四、场馆如何与会议与观光局（以下简称 CVB）有效合作

会议与观光局（CVB）是场馆租赁的重要中介，在促进目的地营销、吸引会议和其他活动方面发挥关键作用。作为目的地营销机构，CVB 是活动领域重要的信息经纪人和传播者。大多数 CVB 在城市层面上运行，但也有国家 CVB 的例子，负责将整个国家作为商业活动的目的地。在他们为目的地招揽会议的过程中，CVB 的主要作用是建立品牌，并向那些负责选择会议和活动目的地的

人推销他们的目的地。

　　从会议策划者的角度来看，CVB 是"一站式服务"。他们往往更喜欢使用 CVB 提供的服务，而不是其他机构，因为 CVB 的服务可以满足客户对场馆和其他供应商的客观信息的需求。CVB 网站提供了关于 CVB 服务的信息，如会议设施和服务、酒店住宿等。

　　场馆与 CVB 之间合作有许多优势，前提是需要花费大量时间与 CVB 充分沟通。多数 CVB 都有成员，会展场馆通过支付年费就可以成为当地 CVB 的一员，这使其在活动上具有一定的影响力。但许多场馆容易出现的错误是只支付费用，坐等结果。但也有场馆意识到，积极努力建立建设性的关系是至关重要的，这样他们就可以与 CVB 充分合作，为客户提供独特和有吸引力的活动方案。

第六章

会展与活动场馆运营与服务

运营部门依照会展活动日程表布置场馆，根据举办不同类型的会展活动进行场馆布置的灵活转换。即便在场馆没有被预订的情况下，场馆人员也要做好必要的维修工作，维持场馆高效运作。

本章重点阐释场馆工作区的运营和功能，如何有效提升场馆用户的服务质量。场馆工作区是指不允许公众进入的场馆区域。运营部门对举办一场会展活动细节的关注程度，是会展场馆运营成功的关键因素之一。

第一节　运营部门

一、会展运营部组织架构

会展场馆运营目标能否实现，取决于是否拥有一个管理能力强大的运营部门。不论是类型、规模还是会展活动的数量，运营服务和现场活动都应在符合场馆功能的条件下有序进行。运营部门负责场馆的环境，内容包括以下几方面：

- 场馆内空气质量和温度的维护。
- 场馆控制系统的管理。
- 活动所需物资的管理。
- 场馆内安全保卫工作。

为更好地应对运营管理中出现的问题，场馆运营部门必须在组织有序的管理架构下完成各项工作任务。只有这样，场馆方才能更好地为会展活动做好准备，组织好每次的活动。员工之间良好的沟通是运营部门成功的重要因素。场馆运营部门的工作一般包括以下内容：

1. 收发货。

2. 库存管理。

3. 工程管理（高压交流电、制冷、生命设施安全系统、公共设备）。

4. 技术服务（信息技术、音频视频、电话、网络）。

5. 维修和护理。

6. 技工（电工、水管工、机械工和木工）。

7. 物业和保洁。

8. 地面维护。

9. 疫情防护。

10. 绿色可持续回收管理。

11. 活动策划。

12. 24 小时安保。

13. 场馆布置转换。

14. 装备要求。

15. 舞台管理和活动人员管理。

16. 客户服务。

17. 活动设备设施。

会展场馆运营部组织架构如图 6-1 所示。

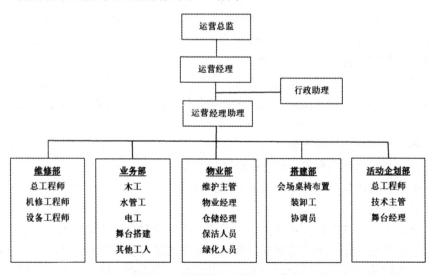

图 6-1 会展场馆运营部组织架构

二、运营总监

场馆运营总监责任较大，能力与水平直接影响经营目标，运营总监管理场馆内大小事务。场馆运营总监除具备一般的管理能力以外，还需要具备以下能力：

- 时间管理能力。
- 卓越的抗压能力。
- 注重细节。
- 较强的书面写作能力和口头表达能力。
- 创造性解决问题的能力。
- 较强的谈判技巧。

第二节 运营部门管理职能

场馆运营部门一般由两部分组成，即机械系统维护维修部门和活动策划部门。场馆运营管理保障馆内的安全、清洁、设备设施就位，按活动需求摆放桌椅。为实现场馆目标，运营部门需要灵活应对各种情况，满足活动的所有相关诉求，保障活动在场馆内顺利进行。

一、人力资源管理

场馆雇佣具备不同技能的人员，因场馆类型不同雇佣工种不同，体育场馆雇佣地勤人员；剧场需要舞台技术总监；演艺中心需要负责冰面形成的冰雪工程师，可以快速改造成冰上运动场馆；会议中心需要宴会经理负责各类餐饮招待等，各部门主管则负责员工的管理与培训。场馆雇佣的员工可以是全职，也可以是小时工。运营部各部门主管分工不同，有的负责工程技术，有的负责电路安装，有的负责物业保洁，有的负责舞台搭建，但他们都需要以下人员的支持：

- 场馆直接雇佣人员。
- 与其他机构合作，如所在地区的志愿者。
- 与场馆有合作协议的第三方服务供应商。

二、合规

场馆所在地城市都会对各类场馆管理提出相应的法律法规要求，场馆运营部门必须严格遵守，地方监管部门会以多种方式监督场馆的合规性。当地建筑物相关管理法规也会对场馆的运营产生很大的影响，管理部门应该读懂吃透这些法规。

业务部门负责监督及安排定期检查，从电梯维修认证到与当地相关机构的灭火器验证，不遵守职责不仅会让客户和员工处于危险之中，还会让场馆承担法律风险。运营部门要求工程师对灭火器、洒水喷头和烟雾探测系统等定期进行检查。用于应急照明和公共设施电力的辅助发电机要定期进行测试和维护，停电期间，必须确保应急电源供应，以确保场馆的客人、客户和员工的安全。紧急电力系统是对大多数场馆的法律要求。

三、运输仓储

举办展览类活动的场馆，要求供应商在活动前将材料运至场馆，并在活动结束后将相同的材料运回其营业地点或指定地点，场馆内部设有专门负责监督这项工作的人员。比较常见的做法是，由外包服务商来执行该项工作。场馆运营人员与指定的外包服务承包商协调，确保工作效率和执行的精准性，工作内容包括：

- 安排足够的人员及时和有组织地接收货物。
- 提供安全的储存空间。
- 管理跟踪系统，以协调各个环节。
- 活动结束时协调物料撤除。
- 管理好运货单和收货单。

运营部必须有效地协调运输和接收过程。运营部门负责库存控制系统，包括记录保存、定期安排和未通知的检查、锁和密钥控制以及监视和安全系统。库存控制系统包括分类和编号系统，即每件货品都会贴上标签和编号。这些标签除了用来确认货品，还可以展示条形码，通过扫描条形码，获取更多关于货品的信息。知道这个产品的相关信息可以使运营部门的员工跟踪使用情况，并且根据产品预计使用周期来制定更换计划。

此外，运营部门监控库存物资，如纸张、清洁工具、化学用品和灯泡等，这些所需物资根据预期使用情况进行管理。运营经理一般根据以往的使用情况确定接下来的会展活动要用到多少物资，以此来制定物资购买计划。

四、工程部

在一些规模较大的场馆，工程部是一个独立部门。工程部是场馆运营中重要的职能部门之一。工程部如果不能高效运作，会直接影响顾客体验，从而对场馆形象产生消极影响。更严重的情况是会威胁到活动现场参与人员生命和财产安全。在一些重要的区域，工程服务需要监控，内容包括以下几方面：

- 监控供暖、通风和空调系统维持空气质量和温度。
- 监控水质和水流压强。
- 监控电力消耗，保证每台设备的供电情况。
- 维护应急电力系统。

- 监控生命安全系统，比如灭火系统和自动喷水灭火装置。
- 维护制冷系统。

场馆机械系统已经变得越来越复杂了，为高效监管机械系统日常的运营和紧急情况处理，大量的场馆运用网络监控系统，监管场馆的机械系统，以确保场馆活动现场的安全性和舒适性。

工程维护的另一个重要功能是延长场馆运营设备及系统的使用年限。有的场馆会因为成本的原因，常常推迟维护以控制费用。每当场馆所有者或管理人员需要削减开支时，最先被削减的一项是维护和修理费用。而修理和更换长时间未用设备的费用，远远超过了日常维护的费用。换句话说，推迟维护将在长期内产生更多的费用，而且不可避免地会对消费者、客户和雇员产生消极的影响。这种想法和做法是不值得提倡的。在对场馆运营进行管理时，一定要有工程日常维护的意识，这不仅是安全要求，更是一种好的成本控制方式。

运营主管的另一大职责是安排足够的预防性维护时间表，确保所有分配下来的维护任务都能完成且被记录下来，场馆经理可能需要闭馆一段时间，进行一些大型设备设施的维护，比如索具的检查和便携式篮球架的加固或舞台的装修等。另外一些工程量不大的预防性维护可以在各类活动开展的间隙完成，但要确保不伤及顾客或员工的安全。

设计良好的预防性维护项目需要考虑场馆的使用周期，特别是设备的使用周期。运营部门需要将不同的机械设备进行分类，建立维护日程表，减少正常磨损带来的影响，以及尽可能延缓设备老化的过程。

对于场馆的使用寿命来说，充足的资金支持和预防性维护是十分重要的。场馆经理经常将场馆运营的一部分预算留出作为预防性维护费用。场馆预防性维护工作可以由内部人员或服务承包方执行。场馆方能否取得最大利益可变因素很多，如服务的有效性、熟练工人、服务的费用以及维护和修理要求的类型等。不管由谁负责场馆预防性维护，最好的方式就是考虑所有的选择，在可接受的费用范围内按时完成。

场馆工程部门会雇佣一些技术人员，如电工、木匠、水管工、油漆匠等。场馆所雇佣的技术人员是指那些持有所在领域或多个维修领域证书的专业人士，如水管修理工、电气工程师、机械工程师等。这些人掌握专门的技能，对所在领域的工作都有大致的了解。技术人员对场馆来说是很重要的，他们所提供的专业技能、知识和经验是整个场馆运营的关键要素，是一场活动成功举办的有力保障。

五、物业管理

每个场馆都需要物业管理，每个区域都有自己的清洁标准。影响物业管理水平的重要因素是顾客的期望。场馆物业管理服务人员一般被分为两个组：活动组和非活动组。场馆聘用全职物业管理人员维护行政办公室和员工使用区域的卫生。场馆活动结束之后，需要许多人员清理场馆，这些任务通常由签订合同的临时保洁人员来完成。一次大型活动结束之后，通常需要上百个员工清洁场馆。这项工作通常在深夜开始，以确保及时完成，保证场馆在第二天早上可以举办其他活动。如果场馆选择保洁服务合同外包，对于场馆方来说保留管理权和质量控制权非常重要。

场馆运营部门负责舞台搭建，搭建之前要完成以下项目：

- 舞台设计。
- 装置要求（登记、会议室的装备、生产部门办公室等）。
- 产品和技术（音响、灯光、传动装置等）。
- 更衣室。
- 食物和饮料。
- 交通工具和酒店。
- 劳动力。

一般来说，巡回展或巡回演出的团队没有自己的劳务人员，如搬运工、铲车司机、索具装配员、服装助理等。演出团队在租赁场馆时，一般会在合同中注明是否需要由场馆方提供劳务服务。劳务服务人员的费用一般是由发起者承担，且会在活动费用结算中标明。活动主办方一般会让场馆方提供以下几类劳务人员：

- 将设备挂到舞台上方，并负责拆卸的索具装配员。
- 负责装卸相关设备的舞台工作人员。
- 负责收发任务的外勤人员。
- 有资质的卡车司机及其他装卸人员。
- 负责活动中电力保障的配电工程师和工人。
- 急救等医疗技术人员。

一般而言，给巡回演出提供服务的附录清单中都会标明场馆安全使用范围的要求。场馆工作人员一定要意识到，服务清单是为整个巡回演出做准备的，场馆经理要为客户、消费者和员工的生命和财产安全负责。

六、场馆转换管理

场馆转换是按照活动排期表，上一场活动结束后，在场馆内给下次活动提供相关设备转变的工作，为下场活动做好准备，满足客户的需求。通常来说，场馆运营部或工程部员工负责帮助客户实现能满足活动需求目标的环境。因活动类别不同，需求不一，有的时候仅需提供干净开放的空间。但是有些活动，场馆转换变得非常复杂，如从篮球比赛赛场转变成冰球比赛赛场，这需要大量的场馆设备的转变才能完成。

1. 装配

几乎所有场馆都有装配点，我们称为装配网络系统。活动装配包括电缆、升降电梯以及照明位置的确定，音频、视频、舞台布景、特效和其他相关的项目。这些装配点的转换，在现场操作过程中都存在安全风险，需要特别注意。场馆管理方必须对所有发生在场馆里的装配活动负责，包括由客户方负责安装的。装配安全计划十分重要，包括以下方面的内容：

● 在装配总图中，由建筑工程师签订建筑承载能力。

● 制定保护方案和发放相关装备的流程细节，比如安全带和救生索等。

● 持续监控和评估装备器械的安全使用。

● 具备资质的人员对装配点和装配网络进行定期检查。

场馆工程师的职责是监控场馆内举办的活动，确保各类设备不超重。所有负载点和结构钢架的载重限制都应该以书面形式呈现，活动前先给租赁方，完成结构审图。场馆经理、场馆建筑工程师和舞台管理人员在场馆建筑和结构方面有问题出现时，应该及时出面解决。

2. 场馆工作区劳务人员

所有场馆在活动期间都会雇佣大量的临时工，如表演艺术剧院，平时只有经理和少数全职员工负责场馆的日常运营，而在活动期间，会招募舞台管理人员、前台工作区人员、安保人员、停车场管理员以及餐饮服务人员等临时员工。场馆工作区的工作人员，如体育场、演出场馆和剧院，一般包括装载人员、保洁人员和负责转换工作的员工。装卸人员负责活动前取出设备，安装设备，演出后拆除并打包设备，将设备从场馆中搬走；保洁人员在活动结束后清扫场馆；转换工作人员负责改变场馆的布局等，将场馆设施布局切换到下一场活动模式。

3. 场馆工作区设备

场馆负责提供活动必要的设备和用品。根据场馆的类型和预订的活动，场馆活动设备和用品包括：

● 带有扶手和楼梯的便携式舞台。

● 便携式舞池。

● 桌椅。

● 更衣室和办公家具。

● 管道和悬垂。

● 地毯。

● 公用设施连接。

● 音响系统。

● 聚光灯。

- 叉车。
- 升降机或剪式升降机。
- 人流控制障碍设施。
- 运动地板。

4. 封送处理区

封送处理区是管理和调节大型活动的区域。体育比赛、马戏团演出和大型音乐会需要巨大的空间专用于演出活动。这些被保留区域可用于参赛者或演出人员候场区，或是仅用于卡车、公共汽车以及其他车辆和设备的停放区。场馆负责管理登台区域，制定舞台的装卸程序，提供用于接收运输材料的集中处理是必要的。

第三节　会展与活动场馆运营可持续发展

一、场馆运营可持续发展要点

越来越多的场馆经理意识到场馆建筑和举办活动会对环境产生影响，可持续发展对于场馆的公众形象有着积极正面的作用，以环境友好型的方式运营是非常重要的。活动主办方和艺术家们也都认识到场馆可持续发展的重要性，根据场馆是否注重环保选择活动和演出场地。场馆运营部门可以在以下几方面实施可持续发展项目：

- 废弃物处理。
- 节能项目。
- 水质管理和节水工程。
- 空气质量监测（PM2.5）。
- 绿色采购。
- 社区参与。
- 员工的支持。

可持续发展正在成为场馆运营的标准之一。场馆的设计、结构和装修都会变得越来越绿色环保。

实施可持续发展项目的第一步是建立废弃物转移、能源消耗、水资源消耗的基准数据。一旦场馆方了解了环境的影响，那么就可以制定发展这些特殊领域的计划，进行数据追踪，场馆可以评估特定项目、装备更新和调整过后的操作实践的影响。

二、场馆建筑绿色国际认证

在场馆运营中，得到广泛认可的这些标准是：

1. 绿色能源与环境设计先锋奖（以下简称 LEED）

LEED 证书包括新建建筑和既有建筑：运营和维护（LEED EB：O&M）的项目。LEED 项目能提供绿色建筑的第三方证明。建筑工程要满足先决条件，获得相应积分，以获取不同水平级别的证书。对于想要获得 LEED 证书的项目来说，评估体系是不同组别要求的集合。每个组别都和项目或建筑类型的独特要求相适应。

2. 美国材料与试验协会标准（ASTM）

美国材料与试验协会（American Society for Testing and Materials，简称 ASTM）成立于 1898 年，是世界上最早、最大的非营利性标准制定组织之一，主要任务是制定材料、产品、系统和服务等领域的特性和性能标准、试验方法和程序标准，促进有关知识的发展和推广。美国材料与试验协会为发展和制定材料、产品、系统和服务的国际化统一标准提供了全球化的平台。

3. 国际标准化组织 ISO14001 和 ISO20121

ISO14001 环境管理为公司和组织确定和控制环境影响以及不断提升环境表现提供了实践工具。ISO20121 是管理系统标准，为会展产业的组织提高会展相关的活动、产品和服务的持续性提供帮助。

对环境进行可持续地打造与监控，不仅能带来环境效益，同时也可以节省时间和金钱。如用 LED 技术代替过时的照明系统，场馆不仅因能量消耗的减少而节约了成本，而且因为这些灯泡有更长的使用周期，场馆也可以减少员工的在这方面的工作时间，减少经常更换灯泡的费用。

许多场馆建立了回收利用项目。有许多人在同一地点、同一时间内会制造出大量的废物和未来可回收利用的材料。国际场馆经理人协会（IAVM）于 2012 年出版了一份场馆可持续运营报告。报告指出，99% 被调查的场馆都有一些回收利用项目。超过半数的受访者表示，他们正在使用环保的清洁化学用品、地面护理产品和纸张并关注对环境的影响。

（资料来源：https://venuenet.iavm.org/HigherLogic/System/DownloadDocumentFile。）

第七章

会展与活动场馆安全管理

场馆管理者在活动过程中,面临最大的挑战是为活动相关者提供安全保障。一场人气满满的活动虽然会令人感到兴奋,但同时也带来各种各样的安全挑战。从恶劣的天气到噪声污染,再到挂在天花板的照明设备,场馆内的每一个元素都可能存在危险。此外,大部分活动的参与者可能之前未进入过场馆,活动举办期间的场馆内可能嘈杂且光线不足,这两个因素叠加,对顾客就会存在潜在的安全隐患。场馆经理的重要职责就是对任何可能威胁到顾客安全的情况做好充分的准备。充分的事前准备和沟通是关键。此外,对即将面临的情况做好分析也是行之有效的手段。场馆历史数据和曾经举办活动的经验都可以作为参考。

会展与活动场馆的安全管理是指整个准备和维护举办活动安全环境的过程,包括风险管理、紧急情况预防、应急反应措施、人身安全系统、安全规划、访问管理、人群管理、安全保障培训、危机管理等多项内容。

第一节 会展与活动场馆的安全和安保

场馆投资方或业主在委托场馆管理人员及其工作人员保护会展场馆方面投入了大量的资金。当大量人员为特定目的聚集时,活动发起者最基本的诉求就是场馆能以专业和安全的方式运作。安全和保安计划必须能够应对如天气、危险人群、易燃易爆炸物品等问题。每一位场馆经理必须全方位地考虑到这些风险的管理、紧急情况预防、人身安全系统以及危机的处理。

一、会展与活动场馆风险管理

在场馆举办的活动都会存在风险和责任。场馆管理的一项重要内容就是对场馆风险进行管理。在场馆管理职责中,风险管理包括以下内容:

- 风险确认。
- 风险分析，如可能发生的概率、频率以及严重性。
- 最大程度地减少风险，消除或转移风险。

场馆风险管理团队必须深刻地认识到，风险和责任对于场馆管理是永远存在的，因此，管理层必须设计识别和降低风险与责任的计划。

会展场馆经理有责任与场馆内的每一名员工沟通，确保他们了解每场活动潜在风险的重要性。同时让员工意识到场馆的每一位成员都是风险管理小组的成员，在认识、报告、减少以及消除潜在风险的过程中要时刻保持警惕。没有管理好的风险可能成为威胁，潜在的风险必须被尽快识别并且得到妥善处理。

无论是在处理参会者跌倒、升降机事故，还是建筑结构性错误带来的灾难，风险和责任都是风险管理中最重要的考量因素。管理者经常会被问到以下问题：

1. 是否意识到这些问题？
2. 是否提前预测到这些问题？
3. 如果是这样的话采取了何种措施来解决问题？

换句话说，管理者在这样的情况下应该做什么，风险管理项目应该如何妥善处理这些问题。

场馆管理者应该重视、预防、降低以及管理可预知的风险，了解日程表上的活动，提前预估活动参与者以及与活动相关的潜在风险，这是不难办到的。场馆风险管理小组需要认识并消除潜在风险，采取应对措施，最终将风险造成的损害降低到最低。

二、会展与活动场馆风险评估

场馆风险评估是指对财产、人员以及责任罚款的评估过程。整个过程一般包括对资产、威胁、脆弱性、风险分析的评估，这些信息通过对场馆的现场检查、重要文件分析以及与相关人员交流获得。

1. 资产评估

资产是指由企业过去的交易或事项形成的由企业拥有或者控制的预期会带来经济利益的资源。场馆资产一般包括场馆设备、场馆建筑物等。资产评估过程需对以下几个关键问题进行回答：

- 场馆的核心功能和管理流程是什么？
- 场馆的关键要素是什么？
- 每一项资产的价值是什么？比如这项资产的损失会给场馆带来什么程度的负面影响？

首先对重要资产进行评估，然后进行资产确认，之后的评估都是在此基础之上进行的。

2. 威胁评估

威胁通常被定义为一种会造成伤害或损失的意图。对于场馆经理而言，威胁是一种会对其所负责的资产带来负面影响的事件。这些威胁大多来自外界并且可能会引发事故。有可能是天灾，如极端天气等。当威胁形成之后，会变成突发事件。在这种情况下，场馆应开始实施紧急预案。

3. 脆弱性评估

脆弱性评估能找出组织架构内部的弱点，这些弱点可能会形成威胁。脆弱性评估应先对场馆的关键性基础设施进行检测，包括建筑物本身、全体人员和一些运作程序。脆弱性评估要求场馆经理评估现有保护措施的有效性。

4. 风险分析

风险分析的目的在于确认每项资产的风险级别。在这一阶段，场馆经理把资产按照潜在的损失排列顺序并确认以下问题：

● 每项资产损失的影响级别。

● 威胁产生的可能性。

● 基于所需对策的相对风险程度。

管理人员必须确保，无论怎样的对策，都不能对现有情况造成更坏的影响。降低或者消除风险的时候，造成新的风险是没有意义的。下面通过一个简单的例子说明流程，如露天体育场记分牌的风险，场馆经理应当使用表格 7-1 所示的评估过程。

表 7-1　风险评估过程

资产评估	体育场记分牌价值 300 万人民币（电子记分牌）
威胁评估	发生极端天气
脆弱性评估	风速可能超过限定水平，尽管概率很低
风险分析	发生损害的概率很低，一旦发生就会造成恶劣影响 比赛可以继续，但是赞助商可能会遭受损失

三、风险处理方法

处理风险通常包括五种方法：

1. 风险规避

有时避免损失发生最好的方法就是规避风险。然而，有些风险无法规避，这种情况下，风险所造成的损失虽然不能被完全消除，却能被减少。在其他的情况下，风险规避可能是唯一有效的方法，特别是在风险发生的概率和可能造成较大损失之际。

已记录在案或者被证实有效的数据显示，某场活动对参与人员有潜在风险时，场馆经理就可能不会组织这场活动。这种情况下，场馆经理规避风险的方法就是不去做这场活动。场馆经理取消一次容易造成严重损失的活动的行为是非常正常的。然而，如果场馆管理者取消一场活动，必须提供合理合法的证明，并且得到活动发起方的同意。例如，一场可能有安全威胁的活动或艺术家可能不到场，这样的活动就完全有理由提出不举办。

2. 风险假定

风险假定是指损失将由遭受损失的一方承担的情况。通常情况下，风险假定会被提前讨论和计划。在风险假定中，只有当损失的最大可能性和比率很低，才能够被接受。

场馆愿意承担相关责任，因为风险因素很少，例如场馆经理同意给一些小型会议或者婚礼出租场馆，而不用对方提供保险。但是，许多场馆就不愿意承担相应风险，因为各种小事故带来的法律问题实在太多。

3. 风险转移

风险转移通常发生在风险概率低但损失大的情况下。风险转移最常见的形式就是购买保险。还有一种情况，如果场馆经理外包了安保、客服的工作或租地营业权，他们就成功地将风险转移到了相关承担者的身上。

当管理者为场馆购买了保险的时候，活动发起人也被要求提供活动的保险。此外，作为一种风险转移的方法，场馆使用合同应当包括赔偿条款。赔偿条款涉及设施的维护，以及经理、员工、代理人以及来访者因使用者疏忽造成的损坏，有时也指"不受损"条款。

有些场馆实施承担人责任保险政策，这是一种一揽子保险计划。当承担人没有能力购买活动保险时，场馆为承担人购买这种保险。例如，在这种保险计划中，承担人为场馆提供每月一次的午餐会，场馆则为承担人支付保险费用。

保费包含保险公司的日常花费和一些指标，包括风险级别等。公共活动的保费由事故发生的频率、伤害程度、诉讼的次数和投诉理赔费用。同时也取决于免赔额和被保险人所能承受的风险级别。

4. 损失预防

预防措施能够降低损失发生的概率。有效的预防措施同样能够降低保费支出。当损失的频率很高时，损失预防措施就要开始执行了。但只有在措施的收益远大于付出的情况下，这个措施才是可行的。例如反光装置、防滑装置、扶手安装、监控安装等。

5. 减少损失

减少损失是用来减少已经发生的损失的。尽管已经实施了一些预防的手段，该发生的损失还是会发生。减少损失旨在损失最小化。总体上，当损失非常大，并且不能被规避或转移时，用来减少损失的预算不能超过既得利益，如自动洒水灭火装置等。

大部分情况下，场馆管理者采用上述所有方法来处理场馆内的风险。当然，实施过程可能会根据场馆类型、活动类别以及感知或实际风险而有所不同。

四、会展与活动场馆紧急预案

场馆紧急事件是指可能对员工、客户或公众造成重大伤害甚至死亡的意外事件。紧急事件不仅会破坏活动，对环境或场馆造成损害，威胁场馆的财务状况以及在公众心目中的形象，更严重的是可能导致场馆关闭。

处理突发情况的能力是场馆经理和员工的基本素养。场馆突发情况紧急预案是一套完整的且定义明确地描述了如何降低和消除威胁的具体措施和步骤。一项完善的紧急预案能够通过预防、提前预判、交流、疏散、风险控制等措施减少突发事件的发生。在任何场馆中，利益相关方的安全都是平等的，因此每项紧急预案都必须根据场馆需求制定。场馆应根据自身的建筑设计结构、活动类别、员工资源、公共安全机构等制定紧急预案。场馆紧急预案大致包括以下六个要素：

1. 生命保障。
2. 减少或消除伤害。
3. 应急准备。
4. 保护措施。
5. 应对措施。
6. 恢复措施。

场馆紧急预案必须遵守甚至超过政府的强制规定，还需要提供内外通畅的交流通道。安全的紧急预案至少需要满足以下几个条件：

● 满足专业需求，为活动的顺利举办提供安全的环境。
● 将员工、嘉宾和顾客的健康和生命安全放在第一位。
● 提供适当的培训和优秀的预案实施机制来最大地减少潜在损失。
● 满足公众安全需求（消防安全、职业安全与健康管理等）。
● 提供写明紧急预案流程、预案内容和最小化违约风险等文件。
● 将媒体负面曝光最小化，保持良好的公众形象。
● 提供畅通的沟通渠道，与相关的政府安全部门保持良好的关系。

完善且详细的紧急预案能够很好地处理紧急事件，好的紧急预案也是有效处理紧急事件的基础。

五、会展与活动场馆安全保障系统

每个场馆都有一套严格的保障安全和效率的系统，它是风险管理程序的一部分。安全保障系统应该包含以下内容：

- 防火系统。
- 备用电力系统。
- 应急照明系统。
- 供热、制冷和通风系统。

1. 防火系统

防火系统一般是指洒水系统，在建筑规范中一般都有要求。除了保护人之外，防火系统同样也能够防止对设备造成的损失。

2. 备用电力系统

电力支持系统为记录板、电梯、闭路电视系统、检票系统、广播系统、安检系统、照明系统、电脑、电话和厨房等供能。部分或全部断电势必会打断活动进程。如果断电发生在关键活动中，必须立刻采用备用电力系统，降低断电的消极影响，并为顾客、员工提供安全保障。例如，如果被倒下的树砸断电缆，系统就会自动地切换为备用电力系统。从一个能源切换到另一个能源通常只需要几秒钟，且能够迅速地为场馆供电。

3. 应急照明系统

适宜的灯光对于场馆整个安全系统来说是非常重要的。紧急情况下，电池供电照明和有效的安全灯光需要维持在一定水平上。场馆经理必须保证公共空间、停车设备、出入口、人行通道和公交车站等地区拥有充足的照明，不要留安全隐患。

4. 供热、制冷和通风系统

供热、制冷和通风系统对场馆活动来说都非常重要。场馆经理必须了解这些系统的运行且能够对这样的危险情况进行预防。大多数供热、制冷和通风系统都带有紧急开关，能够有效预防有害物质的扩散。

除了以上提到的系统之外，其他的设备例如体外除颤器、灭火器、对讲机等都是用来保障人员的生命安全。其中一些设备可能需要外部承包单位来运行。

便携式灭火器应该作为小型火苗的首要防范装置，它分布在整个场馆之中。灭火器最大的改变就是现在使用了电脑监测系统追踪灭火器的位置和状态，并且保证它们放在能够方便拿到的地方。地方性法规规定了场馆需要定期地检测灭火器的状态和数量。

每年约有 350000 人突发心肌梗塞，当自动体外心脏除颤器在病人发病最初的 4—6 秒内被使用时，存活概率将大大提高。为了使其发生作用，必须合理地布置在场馆中，且场馆内的员工一定要经过专业训练以便能够正确使用除颤器。

其他的通信设备被用于顾客与员工之间的沟通。扩音器保证了小范围内的交流，除去手机和其他的私人通信设备，场馆内的人员沟通使用对讲机。这些设备能给场馆员工提供安全保障。

随着科技的发展，场馆经理能够有更多的选择为场馆、员工、参观者提供生命安全保障，及时了解这些新科技是场馆管理者的职责之一。

第二节　活动安全与安保

不同的场馆承办不同类型的活动，每场活动都会给场馆带来不同的挑战。一般来说，活动需要彩排来发现潜在的风险并且进行界定。潜在的威胁是各种各样的，有时很难被发现。在场馆安全部门之间的合作中，经理起着关键性作用，风险管理责任包括以下几个有效的管理措施：

- 安全措施证书的保险。
- 完善的行政合同。
- 安保管理计划。
- 紧急情况处理计划。
- 酒精管理。
- 防火和安全计划。
- 员工风险管理责任。

在所有的活动中，场馆管理的本质就是将观众的生命安全掌握在手中。不管观众是在参加小型的集会还是一场体育赛事，活动参与者对于安全保护的需求都是一样的。场馆经理对场馆内所有人的生命安全负责。可能发生的危险包括：

- 医疗紧急情况。
- 火情报警。
- 易燃易爆物危险。
- 设备失灵。
- 断电。
- 极端天气。
- 违法犯罪行为。
- 危险物质泄漏。

- 恐怖袭击。
- 通风系统污染。
- 水源污染。
- 食物污染。
- 可疑包裹。

场馆经理的目标是保证活动参与者的人身安全。要达成这个目标，场馆经理需要将安保问题考虑进每场活动的计划之中。

一、活动风险控制

场馆经理必须采取积极的态度保障场馆中每个人的安全。具有前瞻性的方法是必须提前考虑到场馆内的多种潜在意外，并设法阻止发生。场馆必须有计划地应对各种情况的发生。无论场馆是否举办活动，都必须进行风险控制。

即便没有活动的时候，风险控制也是非常重要的，即不管是在展会前还是在展会后，也不管参展者是否在场馆内，特别是在执行部门进行维护、装卸、清洁的时候。

活动风险控制是指围绕活动展开的一些安保措施。风险控制包括以下因素：

- 活动历史。
- 活动时间及时长。
- 预计参加活动的人员。
- 活动参与者的统计数据。
- 是否允许酒类销售。
- 天气状况。

活动风险控制是通过一系列安全措施、出入检查、拥挤处理、紧急预案和培训等计划实施的。

二、活动安保措施

尽管场馆都有安全措施，它们也逐渐变得公开明显和透明，但现实情况是，仍然需要重复实地检查，强化安保措施包括以下内容：

- 场馆周围的环境保护，比如护栏的安装和街道封锁。
- 增加入场检查环节，包括使用金属探测器等。
- 更加谨慎的内部人员检查。
- 增加安保人员。
- 加强电视监控的使用。
- 强化空调系统的安全措施，防止有害物质的危害。

三、场馆进入管理

场馆管理包括对所有进入场馆的人和物品的控制，这同样也需要相应的实施方案。场馆进入控制应设置在每个入口和能够接触到场馆重要财产的地方，包括包裹、装卸地、员工、媒体设备和入口等。

如果漏洞被检测到，管理者必须马上做出相应整改，比如准入控制、检查设备及其他方案确保场馆的安全，具体包括以下内容：

- 将明显的标志放在入口处，写明准入物品和规则。
- 检查允许进入场馆的所有物品，包括客人、媒体人员、员工和供应商。
- 需要所有工作人员的管理层认证的通行证。
- 要求所有工作人员佩戴适当的身份识别，包括场馆人员、媒体人员、承包商、参展商和供应商。
- 不向活动无关人员发放活动准入凭证。
- 只允许被授权的人员和客人在场馆内活动。
- 在适当或需要时使用金属探测器。

场馆管理的另一个重点是协调访客入口和出口。为提高安全性和改善活动体验，管理层努力保障对车辆和人员的流动管理，使用不同类型的设备来帮助管理大客流的进入，包括旋转门、路障和门栏等，大多数场馆被设计成便于进出的样式，但管理层必须根据活动需求进行适当调整。

四、大客流管理

大客流管理是通过人为因素和物理因素来实现人群总体管控的一种措施。在理想情况下，主办方应该管理现场人群，而非控制。大客流管理是为了给现场观众提供愉快的活动体验，而人群控制一般只在意外发生时使用，通过人群控制解决意外发生的问题，重新恢复良好的现场环境。

一场激烈的足球比赛结束之后，狂热的球迷冲向球场。如果一大群人决定要做同一件事，单靠现场的安保力量是很难阻止的。如果有观众在活动现场受了伤，主办方和场馆方的安保人员都需要承担一定责任。事实上很多大客流管理问题与活动或场馆几乎没什么特定关系。一场混乱的发生，可能仅仅是现场的观众拥挤在一起。但是因为法律规定的责任关系，活动主办方当然不愿意在活动现场发生任何意外，所以一项缜密的大客流管理计划尤为重要。

大客流管理计划旨在提供并维持现场观众文明有序的活动环境，是一项主动的、积极的、有组织的管理策略。大客流管理是公共事件危机管理的一部分，是通过对已知因素以及潜在问题的分析而制定的，最终目的是降低可能存在的危险因素。大客流管理计划可以由主办方自行制定，也可以向专业管理人员寻求意见。

一项完善的大客流管理计划包含活动前、活动中、活动后三个阶段。活动前包括招募、训练、分析和计划；活动中主要是有序地实施已制定的计划；活动后应该评估计划的有效性，并做出相应的调整。另外，当意外发生时，主办方应该记录所有相关的信息并妥善保管。

对大客流管理的深入了解，能够帮助安保部门针对不同人群采取合适的管理方式。如果人群控制（非管理需要）被频繁使用，则证明人群管理计划亟待调整。

1. 管理人员

大客流管理所需要的安保人数，是由活动本身可能带来的安保压力决定的。例如，一场交响音乐会所需要的安保力量，相比提供酒精饮料的活动就要少一些。又如，贸易展览周末能吸引大约 20000 人参加，这样的活动大概需要在每个出入口都设置一名安保领班、数名安保人员，并配备一支急救队伍。再如，一场音乐会大约吸引 8000 名听众，需要在每个出入口设置一名制服警察、数名安保人员，并配备数支急救队伍及一大批维稳志愿者。

大客流管理的负责人应该分析每一场活动的具体情况，并建议合适的安保力量；充当相关安全管理公共部门和活动主办方之间的联络桥梁，负责管理好招募的维稳志愿者，并与其签订协议；和当地公安部门的密切合作对于制定妥善的人群管理方案来说是至关重要的；公安部门可以为人群管理方案的实施提供协助，并依据其丰富的经验，在意外发生的时候，尽快采取有效的措施。

提前熟悉活动的背景和面向人群特点是必要的。通过多渠道收集信息，如与其他会场安保负责人联络，与主办方公关部门合作获得活动的主要吸引点，或者与举办过该项活动的场馆人员联系。另外，通过社交媒体、活动网站主页等途径也可以获取信息。所有这些信息都能让安保负责人进一步完善安保计划的准备工作。

2. 安保训练

当安保计划制定完成后，应该将安保计划的具体信息通知所有的计划执行人员，训练他们掌握必需的安保技能。制定安保计划的每一步骤都非常重要，只有当其能被准确执行时才能发挥效能。

就像了解活动举办场馆的各项信息对活动的顺利举办至关重要一样，了解每一名安保人员的工作内容对确保活动现场的安全也是必要的。每一名现场安全的直接负责人，每一名负责紧急事件处理的工作人员，都应该接受紧急事件处理的相关训练，使其明白一旦遇到紧急安全事件，应该如何处理并及时上报。而非安保工作人员也应该了解紧急事件的处理步骤。

安保训练内容包括对紧急事件处理步骤的学习，实地演练等。安保训练一般一年一次，包括复修课程并进一步加强演练等。计划训练课程之外，尤其是在活动前期准备的汇报，都是发现问题和加强安保技能的绝佳机会。

3. 场馆安保培训学院

场馆安保培训学院是 2004 年由国际场馆经理人协会（IAVM）创办的，旨在为公共安保行业提供相应的培训课程。场馆安保培训学院（AVSS）主要负责教授并完善会场安保工作措施、方式和具体流程。在课程中提供如何保障顾客、雇员、销售商、运动员、表演者和财产安全的各种可实施方法，主要包括发现危机、危机管理的实施和完善、危机预警、经济存活能力的保存和经济复苏（想要了解国际场馆经理人协会的更多信息，可登录网站 www.iavm.org）。

第三节　新冠疫情防控管理

全球新冠疫情下，场馆作为疫情防控的主体责任方之一，按照以下七个方面进行防控管理：

一、全员核酸检测

首次进入展馆的人员，须持前 7 天内新冠病毒核酸检测阴性证明。建议相关部门协调将个人健康信息数据库打通，经核酸检测后上传至统一平台前端，通过后台数据比对方式进行核酸检测报告的审核，无须个人另行填报，确保流程顺畅。如信息采集对接、健康码申请认证均可统一集成。

二、人员健康管理

严格实施所有进入展馆红线人员的健康管理。按"谁邀请、谁负责，谁组团、谁负责，谁派遣、谁负责"的原则，由邀请方、组团方、派遣方分别落实防控主体责任，收集登记和审核参展参会人员信息，包括有效核酸检测证明、自我健康管理、健康承诺书等核心信息。

三、人流管控

合理管控人流和人员密度，避免人群聚集。通过分时、错峰、预约、限流等措施，有效控制展区、展馆、展台内的瞬时人流数量，原则上场馆内瞬时人流不得超过场馆有效使用面积最大承载量的 50%。

联合相关部门组建馆内巡查小组加强馆内巡查，实时监控现场人流情况，发现人员密集时，及时采取相应限流、分流措施（人数统计根据运营商、智慧公安系统实时报送数据核定）。安排巡逻人员监督所有现场人员须全程正确佩戴口罩，人与人之间保持 1 米间距。

根据活动各登录厅、馆间通道安检、验证点分布情况，在各安检、验证点入口区域设置铁马排队区，地面增加 1 米线间隔标识，排队区入口设置相应引导标识并配备安保人员，引导人员有序进入场馆。当展馆区域人流持续增加，即将超过场馆瞬时人流承载上限时，各安检、验证点排队区根据统一指令调整进场管理模式，对出入口实施只出不进、单进多出、单向循环、间断性放行等限流措施，确保进场人流数量不超过场馆瞬时人流承载量。

四、信息采集与对接

压实"邀请方、组团方、派遣方"疫情防控主体责任，落实相关单位、机构的信息采集、提交与审核责任，对在活动主办方系统注册的人员，通过注册渠道上报人员健康、防疫信息。

公安部门与大数据中心对接，由大数据中心进行健康码比对，并将人员健康码状态反馈至公安部门。活动主办方将系统中采集的核酸检测结果和14天健康监测、健康承诺等健康管理信息，通过数据接口推送至公安融合平台。

例如，上海举办的活动可采用上海市"随申码"进行认证。目前共有3个渠道可供下载应用，一是上海"随申办市民云"手机软件，只提供境内人员注册；二是"随申办"微信小程序，只提供境内人员注册；三是"随申办"支付宝小程序，可供境内外所有人员注册。

五、前期宣传告知

加强疫情防控核心措施和个人防护的健康提示告知，指导和推动参展参会人员、工作人员、媒体人员等提高疫情防控意识，落实防控措施。一是通过招商路演、交易团会议、现场培训、呼叫中心、官网官微等各类线上、线下渠道，提前做好人员入场要求、实施健康管理等防疫措施的告知和培训；二是提前宣传防控知识，做好公告公示，在场馆主要出入口等醒目位置设置"疫情防控须知"告示牌、张贴参观须知及"佩戴口罩"宣传海报的疫情防控内容，确保落实自我防护措施。

六、自我防护措施

严格活动期间所有进入展馆红线人员自我防护。进入人员须提前准备自我防护用品，全程佩戴口罩，保持安全社交距离。触摸公共物品后及时使用洗手液洗手（平均2—3小时洗手一次），或采用免洗手消毒剂；口罩佩戴时长按照医用口罩使用标准执行，一般医用口罩或外科口罩4—5小时更替一次；特殊工种须额外按要求佩戴安全帽、帽子、手套等个人防护用品。

七、人员进场及离场

展馆外围栏主要出入口、人行天桥、人行地道处启用无感自动测温（一机对多人）设施，对进入红线范围内的人员进行体温初筛，并由安保人员进行证件初查。在馆间通道、办公楼主出入口、安检点等区域采用加装无感测温模块的验证门对人员进行体温二次筛查及证件权限审核。体温检测合格（低于37.3℃）方可通行。如出现体温异常人员将其带至就近的临时观察处置点，由现场医护人员按有关流程进行处置。为避免离场客流聚集，将延后闭馆时间，不采取强制清场。同时，在离场时简化红线内地铁口进站流程，提升人员离场效率。

下　篇

会展与活动场馆案例

案例一

国内剧场的运营——上海国际舞蹈中心

第一节　上海国际舞蹈中心建设背景

上海国际舞蹈中心是上海唯一一座专属于舞蹈的文化场馆，坐落于上海中心城区长宁区虹桥路，紧挨延虹绿地，占地 3.91 万平方米，总建筑面积 8.5 万平方米，是上海"十二五"规划建设的重大文化设施，也是"文教结合"理念的重要实践和探索。上海国际舞蹈中心项目于 2012 年 9 月 28 日动工，并于 2016 年 10 月 1 日正式对外开放。

上海国际舞蹈中心汇聚了上海芭蕾舞团、上海歌舞团、上海戏剧学院舞蹈学院、上海戏剧学院附属舞蹈学校 4 家业主单位，拥有 2 个面向市场运营的剧场，一个坐席数 1080 座的大剧场和一个 300 座的合成排演厅（实验剧场）。整个舞蹈中心由 4 幢新建建筑、6 幢历史保护建筑以及 1 幢保留的学生公寓组成。

任何场馆的发展，首先是要有明确的定位。上海国际舞蹈中心的定位是"三个中心""一个基地"和"一个平台"：

三个中心：上海国际舞蹈中心打造成舞蹈艺术人才培养中心、舞蹈艺术创意研究和创作中心、舞蹈艺术表演和展示中心。

一个基地：上海国际舞蹈中心要成为国际知名的舞蹈艺术基地。

一个平台：上海国际舞蹈中心要成为国家级文化产业功能性服务平台。

上海国际舞蹈中心从建设的机制、运营的体制到内容生产的方式，无处不体现着"创新"。特别是运营管理方面，在借鉴国际先进经验的基础上，充分探索"统分结合"的管理体制。在保持"两团两校"（上海芭蕾舞团、上海歌舞团、上海戏剧学院舞蹈学院、上海戏剧学院附属舞蹈学校）管理体制不变，确保法人单位自主权的基础上，组建国际舞蹈中心管委会、理事会，由市政府分管副秘书长牵头，相关部门和业主单位组成，对舞蹈中心重大事项进行统筹协调。同时，由"两团两校"共同发起组建上海国际舞蹈中心发展基金会，由市委宣传部主管，基金会负责统筹舞蹈中心内部公共事务、筹募资金资助舞蹈艺术活动与创作等工作。

上海国际舞蹈中心把体制机制改革创新与遵循艺术规律、教育规律和市场规律结合起来，探索剧场、物业等资源所有权和经营权分离，由第三方专业化、市场化管理运营的新模式。经过公开招、投标方式，上海国际舞蹈中心剧场运营公司、古北物业分别获得舞蹈中心剧场经营权和物业管理权。

上海国际舞蹈中心汇聚全球舞蹈优质资源，引进、推广国内外顶尖舞蹈项目。通过"上海国际芭蕾舞比赛""中国舞蹈'荷花奖'舞剧·舞蹈诗评奖"等一系列国内一流、国际知名的专业舞蹈赛事、活动和演出，精心打造国内一流的舞蹈专属剧场。通过引进国内外舞蹈艺术家、大师入驻，将最前沿的艺术理念、最精彩的舞蹈作品带到上海，精心打造舞蹈艺术的培训，推出高端讲座、舞蹈沙龙、艺术培训等丰富多彩的活动，精心打造舞蹈艺术的公共服务平台。

第二节　上海国际舞蹈中心组成机构

上海国际舞蹈中心由上海国际舞蹈中心发展基金会、四家业主单位（分别是上海芭蕾舞团、上海歌舞团、上海戏剧学院舞蹈学院、上海戏剧学院附属舞蹈学校）以及运营方（上海国际舞蹈中心剧场）构成，如图1所示。

一、上海国际舞蹈中心发展基金会

上海国际舞蹈中心发展基金会(以下简称基金会)于2015年6月开始筹建，同年10月9日正式成立。基金会由上海芭蕾舞团、上海歌舞团、上海戏剧学院舞蹈学院、上海戏剧学院附属舞蹈学校4家业主单位联合发起成立。基金会由上海市委宣传部主管，其性质为非公募类基金会，负责统筹舞蹈中心内部公共事务、募集资金资助舞蹈艺术活动与创作等工作。

基金会以"传承上海城市文化艺术底蕴，打造舞蹈人才汇聚、艺术水平卓越、公共教育一流、管理模式先进的具有国际影响力的舞蹈艺术高地"为宗旨，通过筹募社会资金、资助舞蹈艺术活动与创作、扶持重点项目、组织公益活动等举措，调动统筹社会各方面力量积极参与上海国际舞蹈中心建设，提升上海国际舞蹈中心的国际知名度、影响力和品牌价值，促进上海国际舞蹈中心实现可持续发展，为上海舞蹈事业的繁荣发展提供有力支撑。基金会在创建之初，即获得锦江国际集团和上海纺织集团的大力支持。作为创始理事单位，两家企业全力支持上海国际舞蹈中心可持续发展。基金会还通过开展各项与推动舞蹈事业发展相关的活动面向全社会接受资金的募集和捐赠。

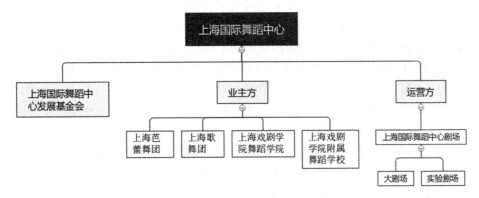

图 1　上海国际舞蹈中心组织架构

基金会自创建以来，资助了一系列国内一流、国际知名的专业舞蹈赛事、活动和演出，不断推进舞蹈中心的品牌化建设，不断提升国际影响力。2016 年 8 月举办的"第五届上海国际芭蕾舞比赛"，是基金会成立之后资助的第一个重大项目。2016 年 11 月底至 12 月初，基金会还与长宁区共同出资承办"第十届中国舞蹈'荷花奖'舞剧·舞蹈诗评奖"，之后每两年一届的"上海国际芭蕾舞比赛"和"第十届中国舞蹈'荷花奖'舞剧·舞蹈诗评奖"都获得基金会的资助，至今已在上海国际舞蹈中心连续举办了三届。

基金会的资金筹措模式为上海国际舞蹈中心提供了有力的资金支持，资助举办的两大赛事，迅速提升了上海国际舞蹈中心在国际、国内的知名度和美誉度。

二、上海国际舞蹈中心业主方

上海国际舞蹈中心业主方由 4 家单位构成，分别是上海芭蕾舞团、上海歌舞团、上海戏剧学院舞蹈学院和上海戏剧学院附属舞蹈学校（上海市舞蹈学校）。

1. 上海芭蕾舞团

上海芭蕾舞团成立于 1979 年，前身为大型芭蕾舞剧《白毛女》剧组。《白毛女》作为尝试芭蕾舞民族化的重要作品之一，为上海芭蕾舞团的建立奠定了基础，同时也确立了上海芭蕾舞团国内一流的地位。《白毛女》曾荣获中华民族 20 世纪舞蹈经典评比展演经典奖并久演不衰，至今已上演 2000 余场。

历经 40 多年，上海芭蕾舞团从《白毛女》起步，到如今拥有了《天鹅湖》《罗密欧与朱丽叶》《睡美人》《茶花女》《葛蓓莉娅》《仙女》《胡桃夹子》《吉赛尔》《堂·吉诃德》等世界经典芭蕾舞剧，《白毛女》《闪闪的红星》《梁山伯与祝英台》《花样年华》《马可·波罗》《简·爱》《长恨歌》《哈姆雷特》、上海大剧院版《胡桃夹子》等原创舞剧以及《清风舞影——巴兰钦芭蕾舞蹈诗》《欢乐颂——芭蕾精品晚会》以及《舞之魅——现代芭蕾精品》等保留剧目，形成了上海芭蕾舞团优雅细腻、博采众长的"海派艺术风格"。

2. 上海歌舞团

上海歌舞团成立于 1979 年 6 月，2009 年 11 月转企改制，创作演出中国民族舞剧、舞蹈、声乐作品等。

建团 40 多年，上海歌舞团积累了众多艺术精品：大型服饰舞蹈剧《金舞银饰》以及《闪闪的红星》《野斑马》《霸王别姬》《花木兰》《天边的红云》《舞台姐妹》《一起跳舞吧》《朱鹮》《永不消逝的电波》等十余部舞剧作品；中华鼓舞《龙之声》、舞集《满庭芳》《这些年，我们跳的舞》《在路上》《天地人》以及《心中的歌》《乘着歌声的翅膀》《相约春天》等数十台专场作品；《根之雕》《当代节奏》《夜深沉》《秀色》《大地》《听见身体》《傣家的女儿傣家的雨》《蒲公英》《只为途中与你相见》《天浴》《漫·慢》《彼时此刻》《秋日》《看不见的墙》等百余个舞蹈节目。

荣获精神文明建设"五个一工程"奖、中国文化艺术政府奖"文华大奖"、国家舞台艺术精品工程、中国舞蹈"荷花奖"作品/表演金奖、全国少数民族优秀舞蹈作品展演金奖、华东专业舞蹈比赛评委会大奖、上海文艺创作精品以及新加坡、日本、韩国多项国际声乐大赛金奖等奖项。

剧团人才济济，荣典·首席演员朱洁静、王佳俊，首席演员侯腾飞、邓韵、王景、毕然、古宛玉等一批在国内外舞蹈界具有重要影响的青年舞蹈家，领衔众多独舞、领舞、群舞演员，构成了梯队式的舞蹈人才队伍；许青、席燕娟、梁彬、王译琳、陈翔翔、孟雪等青年歌唱家在国内外声乐专业赛事中摘金夺银，成绩令人瞩目，在业界声名鹊起。舞剧《金舞银饰》《野斑马》《霸王别姬》《朱鹮》等作品享誉世界舞台。

3. 上海戏剧学院舞蹈学院

上海戏剧学院舞蹈学院是我国高等舞蹈教育一流院校之一，以培养品德正、基础厚、专业精、实践强的高层次舞蹈表演人才、舞蹈编导人才和舞蹈教育人才为目标。

学院的发展经历了几个重要的历史阶段：1999 年上海师范大学表演艺术学院建立舞蹈表演专业；2002 年成立上海戏剧学院戏曲舞蹈分院；2005 年正式挂牌成立上海戏剧学院舞蹈学院；2016 年正式进驻上海国际舞蹈中心。

学院囊括了本科和研究生办学层次，现有舞蹈表演、舞蹈编导两个本科重点专业。舞蹈表演专业涵盖了芭蕾舞、中国舞、国际标准舞三个方向，担负着培养具有较高艺术造诣的舞蹈表演人才的重任。舞蹈编导专业旨在培养具有创新意识、国际视野的舞蹈创作人才。正在建设的舞蹈教育专业旨在新的教学理念指引下，培养掌握现代教育理念，并具备扎实的舞蹈学素养的新型舞蹈教育人才。拥有音乐与舞蹈学一级学科硕士学位授权点，涵盖了专业型（MFA）和学术型（MA）两类，借助上海戏剧学院艺术学理论一级学科培养舞蹈方向博士，培养具备实践能力、研究能力和学术水平的高级舞蹈人才。

学院所属的"上海青年舞蹈团"，以舞蹈尖子人才打造，实验剧目创排为宗旨，作为舞蹈教学实践的基地，为广大学子提供广阔的平台。近年来，结合学院整体发展的需求和舞蹈学科建设的需要，成立了舞蹈研究院，并创办了国内唯一一本中英文双语学术期刊《当代舞蹈艺术研究》，整合学术资源，提升学科水平，为中外舞蹈研究者搭建了学术交流平台。

近年来，学院先后成功举办中国舞蹈高等教育学术大会、国际舞蹈日、上海国际艺术节·青年艺术创想周——舞蹈创想周、舞蹈高等教育学科建设论坛等多次国内外知名大型学术活动，提升了舞蹈学科建设的整体水平。

4. 上海戏剧学院附属舞蹈学校（上海市舞蹈学校）

上海市舞蹈学校创建于 1960 年 3 月 18 日，是国家级重点中专学校，也是瑞士洛桑国际芭蕾舞比赛合作学校。学校设有芭蕾舞、中国舞、歌舞、现代舞、国际标准舞等五个专业方向。

半个多世纪以来，经过几代舞校人的辛勤耕耘，学校在教学、科研、管理、人才培养等方面取得了丰硕的成果，形成了鲜明的办学特色和良好的学风、校风，创建了良好的办学传统和育人环境，培育了大批杰出的舞蹈人才，已有 300 多人次在国际、国内重要舞蹈比赛中获奖。上海芭蕾舞团、上海歌舞团、上海东方青春舞蹈团都是以上海市舞蹈学校毕业生作为基础成立的，该校享有"舞蹈家的摇篮"之美誉。

三、上海国际舞蹈中心运营方

上海国际舞蹈中心最核心的场馆是两个演出剧场，合称为上海国际舞蹈中心剧场。上海国际舞蹈中心剧场是一个专注于舞蹈演出的多功能艺术空间，拥有一个座位数多达 1080 座的大剧场和一个 300 座的实验剧场。上海国际舞蹈中心两个剧场由上海国际舞蹈中心剧场运营管理有限公司进行运营管理。

1. 大剧场

上海国际舞蹈中心大剧场是一个开放式的剧场，拥有一个开阔明亮的大厅，四周被玻璃环绕，随着日光以及内部灯光的变化带给受访者不同的感受。

上海国际舞蹈中心大剧场如图 2 所示。

图 2　上海国际舞蹈中心大剧场

大剧场可容纳 1080 名观众。观众席的整体风格突破常规，座椅是优雅的星空蓝，顶面中央以天池为造型，四周墙面设计呈水波型。天顶吊灯能够随意变换颜色，营造出不同的剧场氛围。舞台专门为舞蹈表演设计，铺设弹簧式地板，最大程度地保护演员的膝盖和颈椎。舞台机械方面全部采用进口灯具，力求打造高水准的演出效果。

上海国际舞蹈中心大剧场舞台如图 3 所示。

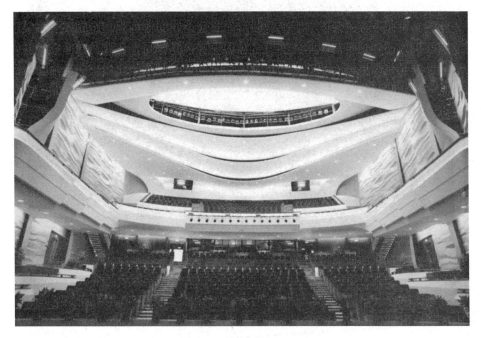

图 3　上海国际舞蹈中心大剧场舞台

2. 实验剧场

上海国际舞蹈中心实验剧场，简称小剧场，与大剧场隔"水"（广场喷泉）相望。相较于大剧场的圆弧外观，小剧场显得棱角分明。大片的落地玻璃给剧场内带来不同的感受。从广场凝视小剧场，能看见蓝天白云投射在玻璃外墙上的倒影。

实验剧场为了让"实验"二字名副其实，舞台设计与大剧场同比例，致力于让青年舞蹈演员们在实验剧场排演出更多创新的作品。观众席采用清新的抹茶绿，带来一种青春的气息。为了达到"实验"的目的，观众席阶梯非常陡，就是为了全方位观赏剧目。

上海国际舞蹈中心实验剧场如图 4 所示。

图 4　上海国际舞蹈中心实验剧场

第三节　上海国际舞蹈中心运营

　　作为上海乃至中国唯一的一个舞蹈演艺场所，上海国际舞蹈中心基于上海"十二五"规划对于文化舞蹈事业的定位，经过五年的实践探索，形成了"舞蹈演艺全产业链"的艺术空间。所谓"舞蹈演艺全产业链"包括舞蹈教育、舞蹈生产、舞蹈剧目交易、舞蹈排演四个环节。

　　一、舞蹈教育

　　上海国际舞蹈中心的"两校"（上海戏剧学院舞蹈学院和上海戏剧学院附属舞蹈学校）承担了舞蹈教育的职能。两所学校自成立以来，培养了一大批优秀的舞者，成为国际、国内知名的舞蹈领军人物。例如，现任旧金山芭蕾舞团首席演员的谭元元，1992 年毕业于上海舞蹈学校；现任上海歌舞团艺术总监的黄豆豆，1995 年毕业于上海舞蹈学校。

　　二、舞蹈生产

　　上海国际舞蹈中心的"两团"（上海芭蕾舞团和上海歌舞团）承担了舞蹈生产的职能。

1. 上海芭蕾舞团

上海芭蕾舞团一直以来秉承芭蕾舞艺术创作与传播的使命，不断创新剧目。近年来涌现了一大批经典芭蕾舞剧，包括上海芭蕾舞《茶花女》、民族芭蕾舞《宝塔山》以及原创芭蕾舞《闪闪的红星》等一批广受欢迎的芭蕾舞作品。

上海芭蕾舞团还拥有一支实力超群的创作、演出团队，包括吴虎生、范晓枫为首席的演出团队，以及陈真荣、钟闽等在内的 9 人教员团队。上海芭蕾舞团以海纳百川的胸怀和气魄，与海内外艺术团体和艺术家建立了广泛的友好合作关系。除了在全国各地演出外，上海芭蕾舞团还先后在美国、英国、加拿大、法国、西班牙、荷兰、挪威、澳大利亚、新西兰、日本、朝鲜、印度尼西亚、新加坡、泰国、芬兰、波兰、韩国等国家和地区近百个城市演出，向世界展示中国芭蕾独特的魅力，被西方媒体称为"来自中国上海的芭蕾像中国的瓷器（China）一样精美"，成为不折不扣的芭蕾舞生产机构。

2. 上海歌舞团

上海歌舞团 2009 年 11 月转企改制，专注于创作演出中国民族舞剧、舞蹈、声乐作品。上海歌舞团团长陈飞华先生是国家一级导演，文化和旅游部优秀专家，也是优秀舞剧《野斑马》《霸王别姬》《天边的红云》《舞台姐妹》《一起跳舞吧》《朱鹮》等作品的制作人兼艺术监制；艺术总监黄豆豆先生是著名的舞蹈家。这样的团队班底，为上海歌舞团蓬勃的创作动力提供了有力的支撑。

排演的剧目《永不消逝的电波》讲述了李侠与何兰芬的"潜伏"故事。2019年 8 月 19 日，荣获第十五届精神文明建设"五个一工程"奖。2021 年围绕中国共产党成立 100 周年,实施了舞台艺术精品创作工程和主题性美术创作项目，组织创作 100 部不同门类、不同题材的舞台艺术作品。其中舞剧《永不消逝的电波》因其富有感染力的创作与演绎，入选 100 部舞台艺术作品。

可以说，上海国际舞蹈中心的上海芭蕾舞团和上海歌舞团真正做到了舞蹈的生产，并且产出了大量优秀、经典的剧目。

三、舞蹈剧目交易

"展演"是当代艺术交易的重要平台。上海国际舞蹈中心通过联合中国舞蹈家协会、上海国际舞蹈中心发展基金会和中国文联舞蹈艺术中心，连续两届打造了"当代舞蹈双年展"。

作为当代舞蹈创作、展示以及交易的重要平台，"当代舞蹈双年展"打造之初，就定位"高规格、国际化"。2019 年，首届"当代舞蹈双年展"吸引了来自 14 个国家和地区的 20 多位国际知名剧院节目策划人、舞蹈节艺术总监参与，为中国当代舞蹈走向世界提供了新窗口。

为了向世界推广中国最前沿的当代舞蹈力量，2021 年第二届当代舞蹈"双年展"即使在新冠疫情之下，仍继续向英国萨德勒之井剧院、英国老地方舞蹈中心、英国舞蹈伞舞蹈节、欧洲青年编舞网络平台、法国夏洛宫国家剧院、葡萄牙波尔图市政剧院、以色列苏珊娜德拉尔艺术中心等国际知名剧院、舞蹈艺术节的策划人、艺术总监发出邀约，邀请他们共襄盛举。

这些嘉宾来自 50 多个国家和地区。受新冠疫情影响，他们无法亲临上海现场观摩，为此，双年展开设了专题网页，邀请嘉宾通过网络观演，在线互动交流。嘉宾可以一站式了解中国当代舞蹈的新生力量，为中外当代舞蹈的深入合作与交流架起桥梁，为中国青年舞蹈家们"走出去"做准备。

四、舞蹈排演

自 2019 年 4 月至 2021 年 10 月，上海国际舞蹈中心共计各类演出 84 个。详见表 1。

表 1　上海国际舞蹈中心演出列表（2019—2021）

序号	时间	演出名称	备注
1	2019 年 4 月 3—4 日	芭蕾舞剧《西施》	国内
2	2019 年 4 月 10—13 日 5 月 11—12 日 6 月 20—23 日 6 月 26—7 月 1 日	爱我中华·舞剧《永不消逝的电波》	国内
3	2019 年 4 月 26—28 日	舞蹈剧场《惊梦》	引进
4	2019 年 5 月 4—5 日	现代舞《雨》	引进
5	2019 年 5 月 10—11 日	舞蹈剧场《爱情引力》	引进
6	2019 年 6 月 4—5 日	现代芭蕾舞剧《简·爱》	国内
7	2019 年 6 月 7—9 日	芭蕾舞剧《花样年华》	国内
8	2019 年 6 月 7—9 日	多媒体互动亲子舞剧《熊猫的家》	引进
9	2019 年 6 月 13—16 日	舞剧《朱鹮》	国内
10	2019 年 6 月 14—16 日	现代舞《喃喃低语 MurMur》	引进
11	2019 年 7 月 5—6 日	现代蒙古舞剧《蓝·印》	国内
12	2019 年 7 月 12—13 日	舞蹈剧场《小王子》	引进
13	2019 年 7 月 19—21 日	魅影舞剧《幻梦奇缘》	引进
14	2019 年 7 月 20—21 日	《INTENSIO》丹尼尔·辛金国际全明星芭蕾 GALA	引进
15	2019 年 8 月 2—3 日	嘻哈现代舞《人》	引进

序号	时间	演出名称	备注
16	2019 年 8 月 7 日	黄豆豆舞蹈作品专场《舞出中国风》	国内
17	2019 年 8 月 27 日	《从 3200 到 0》和《三十二章节》	"培青计划"中国当代舞蹈双年展（国内）
18	2019 年 8 月 28 日	《一撇一捺》	
19	2019 年 8 月 29 日	《没有大象》	
20	2019 年 8 月 30 日	《你好陌生》	
21	2019 年 8 月 31 日	《我什么都没说》	
22	2019 年 8 月 31 日	《流量》	
23	2019 年 7 月 1—2 日 9 月 11—15 日	爱我中华·舞剧《永不消逝的电波》	
24	2019 年 9 月 6—7 日	古典舞《倩女幽魂》	香港舞蹈团演出
25	2019 年 9 月 14—15 日	朝鲜族当代舞《无象》	引进
26	2019 年 9 月 20—21 日	中国舞《一梦·如是》	引进多国艺术家主创班底
27	2019 年 9 月 22 日	《舞动的红领巾》	国内
28	2019 年 10 月	现代舞《卡门》	引进
29	2019 年 11 月 8—10 日	现代舞《舞经》	引进
30	2019 年 11 月	《强迫症之恋》	引进
31	2019 年 11 月	《爱的第二章》	引进
32	2019 年 11 月 16—17 日	现代舞《独白》	国内
33	2019 年 11 月 23—24 日	香港当代舞专场《一城三记》	国内
34	2019 年 11 月 29—30 日 12 月 1 日	亲子舞蹈剧场《星星海洋》	引进
35	2019 年 12 月	《弗拉门戈的重生》	引进
36	2019 年 12 月 6—8 日	当代肢体作品《插销》	国内
37	2020 年 2 月 6 日	国舞剧场《她的"朋友们"》	国内
38	2020 年 2 月 8—9 日	2020 公益惠民演出《舞韵声声——舞蹈达人闹元宵》	国内
39	2020 年 3 月 26—28 日	《委内瑞拉》	引进
40	2020 年 6 月 12、13、19、20 日；6 月 14、21 日	爱我中华·舞剧《永不消逝的电波》	国内
41	2020 年 7 月 10—11 日	舞蹈剧场《九重奏》	国内
42	2020 年 7 月 16—17 日	金星舞蹈团青年编导专场《如梦的旅行》	国内

序号	时间	演出名称	备注
43	2020 年 7 月 18—19 日	金星舞蹈团青年编导专场《她、他们的世界》	国内
44	2020 年 8 月 7—8 日	《俑：蹲蹲舞我》	青年孵化平台系列公益场
45	2020 年 8 月 14—16 日	幽默舞蹈剧场《我用一支舞 带你飞上天》	
46	2020 年 9 月 18—19 日	《摄生》	
47	2020 年 8 月 22—23 日	街舞和现代舞"玩"在一起《未知》	国内
48	2020 年 10 月 5 日	第二届上海国际舞蹈中心青少年舞蹈节暨舞蹈比赛 闭幕会演暨颁奖典礼	国内
49	2020 年 10 月 7—8 日	2020 公益惠民演出《舞蹈达人贺金秋》	国内
50	2020 年 10 月 16—18 日	《猝不及防 生来迟钝》	青年孵化平台系列公益场
51	2020 年 10 月 25—26 日	舞剧《流芳》	国内
52	2020 年 10 月 30—31 日	北京当代芭蕾舞团《曼洛丽塔·陈》《安魂曲》	国内
53	2020 年 11 月 6—7 日	苏式芭蕾舞《罗密欧与朱丽叶》	国内
54	2020 年 11 月 12—15 日	舞蹈剧场《一场》	国内
55	2020 年 11 月 13—14 日	《我们谈论的是关于未来》	青年孵化平台系列公益场
56	2020 年 11 月 27—29 日	《空镜》	
57	2020 年 12 月 19—20 日	《贪吃蛇会吃掉主板吗》	
58	2020 年 12 月 2 日	《五声》	国内
59	2021 年 1 月 8 日、17 日	《肆舞》	2021 金星舞蹈团演出周
60	2021 年 1 月 8—9 日	《我》	
61	2021 年 1 月 12—13 日	《与 5 入座》	
62	2021 年 1 月 14—15 日	《广角镜》	
63	2021 年 1 月 16—17 日	《进行时》	
64	2021 年 1 月 22—23 日	《沧浪》	青年孵化平台系列公益场
65	2021 年 2 月 27—28 日	2021 慈善惠民演出《舞韵声声——舞蹈达人闹元宵》	国内

序号	时间	演出名称	备注
66	2021 年 3 月 5—7 日	《加载中 玩家请稍候》	青年孵化平台系列公益场
67	2021 年 3 月 12—13 日	《佣III》	
68	2021 年 3 月 19—21 日	《熵》	国内
69	2021 年 3 月 27—28 日	舞蹈剧场《三岔口》	青年孵化平台系列公益场
70	2021 年 4 月 9—11 日	舞蹈剧场《2 月 3 日·晴》	国内
71	2021 年 4 月 13—14 日	舞剧《朱鹮》	国内
72	2021 年 4 月 16—17 日	《脚步》	引进
73	2021 年 4 月 23—24 日	舞蹈剧场《一刻》	国内
74	2021 年 5 月 21—23 日	素人舞蹈剧场《悠悠视界》	国内
75	2021 年 5 月 28—30 日	当代肢体作品《迁徙》	国内
76	2021 年 6 月 4—5 日	舞蹈剧场《从静默的地方出发》	国内
77	2021 年 6 月 18—19 日	《神曲》	青年孵化平台系列公益场
78	2021 年 8 月 1 日	第三届上海国际舞蹈中心青少年舞蹈节暨舞蹈比赛 闭幕会演暨颁奖典礼	国内
79	2021 年 8 月 20—21 日	《我的名字叫丁香》	国内
80	2021 年 8 月 27—28 日	《一撇一捺》	国内
81	2021 年 9 月 10—11 日	现代舞《卡冈图亚》	国内
82	2021 年 9 月 17—19 日	大型民族舞剧《沙湾往事》	国内
83	2021 年 9 月 3—4 日	《自言自语》	青年孵化平台系列公益场
84	2021 年 10 月 29—30 日	《伯牙绝弦》	国内

注：根据上海国际舞蹈中心官方微信整理。

从表 1 可以发现，上海国际舞蹈中心演出的剧目分三类：

第一类是独家引入，例如现代舞《卡门》由瑞典编舞约翰·英格（Johan Inger）创作，荣获 2016 年贝诺瓦舞蹈奖。上海国际舞蹈中心致力于引入此类国际大师的名作，并且采用一站式的引入方式，即舞蹈大师团队中国行，只在上海国际舞蹈中心演出一站，不到国内其他地方巡演。这样的做法一方面打造了上海国际舞蹈中心国际化的品牌形象，另一方面也能更灵活地引入当代大师，提高国内观众对现代舞的审美。

第二类是国内知名舞蹈工作室培育，例如经典名作《一撇一捺》。这部舞剧由谢欣工作室历时八年的打磨，向观众呈现出完美的现代舞精品。谢欣也是上海国际舞蹈中心培养的知名当代舞舞蹈家。上海国际舞蹈中心的这些举措，为扶持和培养优秀的中国当代舞者，提供了高规格的展示平台。

第三类是青年孵化平台系列公益场。2019 年 12 月，上海国际舞蹈中心剧场"青年孵化平台"首次启动公开招募。从全国各地的投稿中，国舞剧场最终甄选出田湉、符彬靖等 12 位青年编导，并对他们的作品进行孵化，其中 2 个为国舞剧场独家出品制作，8 个为委约作品，2 个为联合制作作品。除此之外，上海国际舞蹈中心还邀约了曾莹等来自其他地方的青年编导作品，以"青年孵化平台系列公益场"的形式登台国舞剧场。这些青年编导以他们的独特视角，创作出多元、独特且极具当代性的作品，这些作品经由上海国际舞蹈中心剧场"青年孵化平台"呈现在观众的面前。"青年孵化平台"是一个由上海国际舞蹈中心搭建，国内外青年舞者交流、展示舞者培养的平台。在这个活动中，很多参与者并非专业舞者，而是一群热爱当代舞蹈的人。

上海国际舞蹈中心的运营打造了舞蹈的教育、生产、交易到展示的空间。这里的场馆运营，不仅是自有剧场的商业演出，也是"直接拿来"的引入。令人感动的是，上海国际舞蹈中心一开始就定位在"国际当代舞"，并遵循这样的场馆运营愿景，经过几年的运营，形成了一座真正的"舞蹈艺术空间"。

案例二

民营博物馆运营——震旦博物馆

震旦博物馆位于上海市陆家嘴金融区黄浦江畔，由国际建筑大师安藤忠雄设计，是震旦集团创办人陈永泰先生回馈社会的一项文化事业。2005年震旦博物馆在上海陆家嘴金融区震旦国际大楼的一层设立分馆。2012年，博物馆以独栋建筑之姿矗立于上海浦东，开启了该馆历史的新页。博物馆秉持着对中国文化"保护、传承、奉献"的理念，宣导与推广以"料、工、形、纹"为核心的古器物学研究。馆内藏品以佛教造像、古代玉器、汉唐陶俑、青花瓷器为主，并特别设立"古器物学研究中心"，从古器物学的角度对文物进行解析研究，多角度、全方面向观众揭示历史文物的丰富内涵。

第一节　震旦博物馆藏品体系

作为一座私人博物馆，震旦博物馆以其丰富而精美的藏品闻名。震旦博物馆各楼层展厅的馆藏精品与研究品，在独特的分区陈列中，呈现出精彩的布展格局与陈列方法。

从二楼至六楼，依次为：古代陶俑特展厅、历代玉器展厅、青花瓷器展厅、古器物学研究中心与佛教造像展厅。各个展厅又分为精品展区、主题展区以及研究展区。精品展区是一般博物馆都有的收藏展示，主题展区负责说故事，研究展区则剖析器物。这样的展示方式，形成了"展示如教室"的情景。这份软实力源于深厚的学术基础，使得震旦博物馆不仅是一个文物的展示场所，更是文物研究的前沿阵地。每一层展厅因主题不同，各自呈现不同的视觉风格与空间氛围。博物馆的收藏，分为古代陶俑、玉器、青花瓷和佛教造像四大部分。

一、古代陶俑

"俑"是专门用于陪葬的再现类丧葬用品，通常由草、木、土及金属等材料制作而成。中国古代先民认为人死后存在灵魂，灵魂同活着的人一样，要从事衣、食、住、行等日常活动，为了满足灵魂的各种需求，俑作为一种生命观念的象征物而产生。陶俑是中国古代雕塑艺术的重要组成，最晚在东周时期出现，至汉唐时日臻成熟，随着人殉制度的衰落与丧葬习俗的完备，逐渐成为中国古代墓葬中常见的明器之一。

陶器的发明，改善了先民的生活条件，新石器时代晚期的彩陶与黑陶，各放异彩。馆藏陶俑以汉唐时期彩绘俑为主，这些富有生活气息并且具有强烈象征功能的陶俑，不仅展现中国古代雕塑独特的艺术魅力，同时也铺陈出一个个为墓主所营造的具体而微又与众不同的冥间世界，展现中华数千年文化中最有代表意义的物质文明史。陶器藏品如图1所示。

唐代　红陶彩绘骑骆驼胡人俑　　　　　　　唐代　彩绘陶仕女俑

图1　震旦珍贵陶器藏品

二、玉器

玉器的制作在中国已有八千余年的历史，古代先民在石器制作中认识美丽的原石，于剖璞取玉、琢玉成器的摸索中创造出独特的制玉工艺。随着社会的发展，玉的自然属性不断被人格化、道德化，以玉载礼，以玉比德，以玉为饰，以玉寄文雅之娱，逐渐形成以玉为中心载体的中国玉文化，不仅成为中国传统文化的重要组成，也是中国古代灿烂文明的艺术结晶。震旦玉器藏品从新石器时代红山文化、良渚文化、龙山文化到商、周、两汉，再到明清，见证着中华玉文化的流变与发展脉络。馆内藏品时间跨越整个中国古代历史，囊括不同区域诸多精品，在展现历代玉器鲜明艺术风格的同时，揭示了数千年来中华玉文化的流变与积淀。

震旦博物馆藏品古玉分量较重，其中又以红山文化和两汉玉器最为齐备。馆藏汉代出廓玉璧、圆雕人物、动物、饮食器用，乃至丧葬用的金缕玉衣等，都设计精妙。汉代的圆雕均是玉匠高手在不计较耗材成本的条件下，把母题作完整的表现，同时兼顾了动态张力的视觉效果。例如，西汉玉牛借扭转背脊的肌肉，营造出充满动感的身躯。东汉之后，玉器逐渐走向世俗生活，成为民众喜爱的佩饰品，或厅堂中的陈设器。

三、青花瓷器

"青花"是一种以釉下彩绘技法与钴料使用相结合的彩绘瓷器，早在唐宋时期初见端倪。元代中晚期，青花瓷器以景德镇为中心逐渐发展成熟，其独特的艺术美感开辟出中国瓷业生产的崭新时代，并一度带动欧亚各国陶瓷业的发展。

瓷器既有收纳与盛食等实际用处，又可以装饰门面，满足赏心悦目的需求。瓷器不仅满足民生所需的国内市场，还兼顾了对外贸易功能。历史上，瓷器与茶叶一样，作为我国对外贸易的"硬通货"，外销欧洲、亚洲及非洲等地。

元朝，中国陶瓷的外销市场逐渐成熟，窑厂为了满足国外顾客的需求，在传统的基础上改良了瓷器的胎土和釉料配方，研发出用高温烧制体型高大、蓝白相间的釉下彩瓷——青花。中国瓷器的生产脱胎换骨，迈向新纪元。蓝白相间的青花瓷器兴起于元代中晚期，至明清时期达到鼎盛。馆藏元代的青花瓷器也是一大特色。由于元代蓝色钴料使用的是进口的苏麻离青，发色浓艳，纹饰与形制顺应中东使用者的品位，器形硕大，花纹满装，给人大气、华美之感。

震旦藏瓷，聚焦在青花瓷器，包含元代远销中东的瓷器、明清两代的官窑、民窑产品，器形多样，花纹丰富，充分展示出用于皇室、流行于民间、畅销于世界的瓷器品类在不同背景下的风貌特征。青花藏品如图 2 所示。

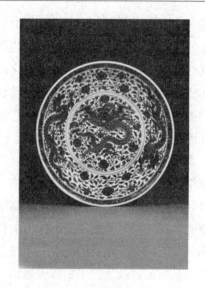

元青花双鱼藻纹大盘　　　　　　　　　清雍正青花应龙纹盘

图 2　珍贵青花藏品

四、佛教造像

"佛教造像"是基于教义内容和仪式供养需要所进行的带有宗教情感的艺术创作活动。佛教起源于印度，公元 1 世纪前后，受古希腊雕塑艺术影响，佛教造像在印度西北地区出现。东汉时期佛造像随佛教传入中国，不断与本土文化融合，逐渐形成具有中国文化内涵、时代风格与地区特色的佛教造像体系，并成为中国雕塑史中最为重要的组成部分。

震旦博物馆收藏的佛教造像有早期印度贵霜王朝时期的犍陀罗造像与北魏以来的本土化造像，包括佛、菩萨、阿罗汉、飞天、护法、佛弟子、供养人等，内容完备。造像的材料及工艺技法，多元而丰富。除了让参观者可以欣赏造像的庄严之美，同时，以像表法，也能进一步获得与佛教艺术的相关知识。

山东青州公元 6 世纪东魏、北齐时的北朝造像，是震旦博物馆收藏的一大重点。佛造像当年都贴金敷彩，菩萨造像都头戴高冠，颈戴各式项圈，和璎珞结合成复杂的佩饰，极为华丽。组雕三尊像中，菩萨的莲花座均由龙口吐出的莲茎、莲叶、莲花组成，生动自然，为青州特色。卢舍那佛，袈裟上朱红、宝蓝等重色彩绘方形界格，表现六道众生的故事场景，稀珍罕见。

第二节　震旦博物馆的保护与研究

上海震旦博物馆早在 2003 年台北震旦艺术博物馆开幕之前，"推广古器物学，保护、弘扬、传承中华传统文化"的核心理念就已经形成，并且在震旦博物馆发展的各个时期从未改变，贯彻始终。

震旦博物馆核心理念主要凸显在第一个层面——推广古器物学，这是实现保护、弘扬、传承中华传统文化的有效方法和途径，是经过长时间摸索、尝试并加以实践的，同时又契合博物馆的基本属性和功能。推广古器物学是震旦博物馆核心理念中最有特色的部分。由此，震旦博物馆有别于一般的私人博物馆，集合了学理研究、收藏保管、教育推广与出版的功能，近似于大学院校及国家级博物馆的专业职能。

长期以来，藏品被认为是博物馆基础的物质条件之一，博物馆的永续经营首先要实现藏品的"永续保藏"，主要包括以下几项：科学管理、科学保护、整理研究、公开展出和提供使用（对社会主要是提供藏品资料、研究成果）。

一、藏品的征集与研究

对于民办博物馆而言，藏品征集需要考虑两方面的因素，一是藏品征集目的，二是藏品征集渠道。震旦博物馆以收藏中国古代文物为主，目前在捐赠方面并没有对外开放，主要考虑到目前民间藏品来源不清、水平参差不齐，故征集渠道仅有收购一项。而中国古代文物的收购只通过正规的拍卖市场获得，就目前中国古代艺术品的拍卖价格而言，藏品征集可能是以历史文物为藏品的民办博物馆最大的费用支出。因此，如何用有限的经费购买到博物馆真正需要的藏品是十分重要的，这要求博物馆在决策时要经过系统的专家论证。

博物馆收藏不是私人收藏，要求立足现有藏品体系，满足陈列及研究需要。例如震旦博物馆为了保证丰富自身青花瓷器收藏、陈列的完整性，于 2009 年 6 月在北京嘉德四季举办的拍卖专场上，拍得明万历青花人物纹梅瓶一件，以98560 元人民币的价格成交。这件器物为一件残损器，口沿处已经脱落，对于一般以艺术性评判器物的藏家而言，这件器物或许并不是收藏的最佳选择，但是对于震旦博物馆而言，这件藏品有着极为重要的研究、展览、教育意义，通过这件藏品可以看出此梅瓶的成型工艺，是展览、教学非常好的题材。

馆藏藏品的研究也是震旦博物馆关注的内容之一。目前震旦博物馆针对藏品已经展开系列研究并汇整成系统的研究成果。这些研究成果已整理成书籍先后出版，同时为了让震旦集团内部同仁及相关客户了解博物馆在文化事业上所做的努力，博物馆研究人员还定期在震旦月刊上撰写相关普及知识的文章。另一方面，震旦博物馆还以展览、讲座、研习营等形式将最新研究成果发布于众。

震旦博物馆的研究主要侧重于两个层面，一是对本馆收藏文物的细致研究，由于此类藏品多为拍卖所得，其出土信息相对缺失，如何还原其历史背景显得极为重要；二是以古器物学研究方法为核心，通过材料、工艺、造型、纹饰等方面剖析器物，并将其还原为器物史料。

博物馆五楼的古器物学研究中心，具体而微地说明了震旦博物馆集大成研究而得的古器物学。震旦博物馆早在 2003 年就与北京大学合作成立古文明研究中心，发展出以"料、工、形、纹"为核心的古器物学，对古器物进行分类与整合研究，转化为可供研究的史料。这让古代器物不仅具有美学赏玩、文化传承的价值，还有史学研究和人文教育的价值。在史料研究之前，每件古器物都应先作基础研究。基础研究从四方面着手：料，是器物材质的基本特征；工，是制作器物的工具和工法；形，从工具痕迹入手了解器形的成形方法；纹，则是纹饰、符号，而纹饰中所涵盖的信息量庞大，具有鲜明的时代特征。为了充分认识古文物，工作人员还需要更深层次地进行研究，从实物出发，解析、综合、复原它的制作过程，并与其他学科合作，逐步还原物质文化史，还原先民的生活思想，了解人类文明的全面历程，这就是震旦博物馆古器物学研究的最终价值。

震旦博物馆陆续出版了一系列的古器物学图录书籍，目前，计有《文物精粹》《古玉选粹1》《佛教文物选粹1》《佛教文物选粹2》《红山玉器》《商代玉器》《西周玉器》《春秋玉器》《战国玉器》《汉代玉器》《唐宋元明清玉器》《认识古玉新方法》《青花瓷鉴赏》《元代青花瓷鉴赏》以及与陕西考古院合作的《芮国金玉选粹》等 15 本，从古器物学研究的角度，与读者分享如何鉴赏与检验文物。

二、藏品的保护

在藏品保护方面，民办博物馆同公立博物馆有着显著的差别，造成差别的原因主要是藏品的数量。相对来说民办博物馆藏品数量较少，上万件藏品的民办博物馆在我国并不常见，而公立博物馆藏品基本上是以万件为计算单位。因此，民办博物馆的藏品保护必须做得更为细致、具体，才方便藏品的展出及相关利用。

对于震旦博物馆而言，藏品的保护有着不同于公立博物馆的方式与方法。首先，震旦博物馆自行研发了一套适合自己的藏品管理系统软件，这样既能够节约博物馆的成本开支，同时此套系统相比市场上贩售的藏品管理系统更适合藏品较少的小型博物馆,加之自行开发系统使藏品的信息能够更好地得到保密,且日后的系统维护成本也会大大降低。其次,在归类整理方面,将藏品分为精品及研究品两大类,精品文物按照材质及时代风格归类保管;研究品先依照材质分类,进而将其按照古器物学研究方法细分成各个单一主题,有材料、工艺、造型、纹饰的主题,也有按照历史时代、产地信息划分的相关单元,这些研究品会进行细分编号,以便日后提取。这样的分类同相关的展览及教育课程搭配,利用起来十分便利,值得在民办博物馆内推广,同时这样的藏品系统也受到了海外诸多博物馆专家的好评。

文物保护方面民办博物馆应该向公立博物馆多加学习,力求在文物修复、文物保存环境方面做得更符合专业要求。目前我国的民办博物馆还处于注重展览、器物收藏的层面,而对于文物保护这样的长期工作却往往重视不足,很多藏品的展示环境达不到国家相关文物保护要求。

震旦博物馆在这一点上尤为重视,特别强调文物的科学修复及微环境的调控。震旦博物馆有一支经验丰富、专业性强的修复队伍,在瓷器、玉器及石雕的修复方面尤为擅长,同时还借助公立专业修复团队的力量不断精进。目前已经同复旦大学文博系文物保护实验室合作针对馆内的一批陶俑进行了专业、科学的修复。此部分修复后的文物成为震旦博物馆二楼陶俑展厅中较为重要的展品。就博物馆展示环境而言,全馆依照文物特性严格控制温湿度,并定期测量读取资料以便掌握馆内环境情况,此外全馆照明均选用无紫外光源,避免文物受到光老化的侵害,同时对馆内透射自然光源的玻璃均采用防紫外薄膜贴附,尽可能避免一切对文物产生危害的隐患。

第三节　震旦博物馆的运营模式

民营博物馆是非营利性的机构,震旦博物馆在震旦集团的企业背景下,从企业管理的优秀经验中选择适合自己的发展模式,使得文化场馆能脱离传统依靠国家补助与私人赞助的被动模式,使用现代化管理模式,导入商业营销模式,实现博物馆的"盘活"。

一、核心价值观的建立

正如企业经营理念的必要性,民办博物馆在创办前就应明确自身的核心价值,才能确保在任何情况下,博物馆的从业人员都能够优先从核心价值出发,制定相应的目标及实施手段,具体展现在博物馆的运营方面。从藏品的入藏、馆舍的建设、展览的组织、研究的展开、活动的举办到人员的招募等都应该以此为判断取舍的标准，并在整体的文化产业建设中打造自身特色。

震旦博物馆在成立之初，经过基金会的多年运营，加之同海内外专家团队的合作交流，摸索出了适合未来博物馆发展的核心价值观。也正是因为有了明确的价值观，才使陈永泰先生有了创办私人博物馆的决心和信心，他曾在公开接受的采访中表示："海内外的民办博物馆不在少数，但是真正有自己研究方向、学术学说的却相对匮乏。在长期的经验积累中，我找到了古器物学研究方法，它帮助我们更好地规划藏品收集，这是一条行之有效、通俗易懂地了解古代历史文化的通道。这种方法值得在一个公开的平台上加以展示，而博物馆则是最好的选择。"因此，早在2003年台北震旦艺术博物馆开幕之前以"推广古器物学，保护、弘扬、传承中华传统文化"的核心理念就已经形成，并且贯彻在震旦博物馆发展的各个时期。

在博物馆董事长袁蕙华女士加入后，融合了企业管理与营销的经验，进一步将学术研究的语言转化为商业语言进行传播，核心理念简化为"保护、传承、奉献"三大宗旨，并将震旦博物馆定位为"一个全新但是有历史的博物馆"，"保护、传承、奉献"是保护中华文物，建设好博物馆；传承中华文化，发扬古器物学；投入文化公益，善尽社会责任；是替前人的智慧找到一个家，也正是一个企业对社会的责任与回馈。

二、经营目标的建立

"同仁乐意、顾客满意、经营得意，追求永续经营"是震旦集团的目标，这三大目标的顺序安排也体现出企业对员工、顾客以及回馈社会的阶段性安排。

"同仁乐意"，是针对博物馆从业人员而言的，在博物馆的实际运营中需要为其不断提供学习专业知识的机会。只有博物馆从业人员的专业知识足够精深才能从根本上保证博物馆健康持续的发展。然而博物馆专业知识也是随着时代、科技发展、考古新发现等因素不断更新的，这需要馆方积极鼓励从业人员能够利用一切内部或外部资源同学术前沿保持同步，积极参与学术交流等相关活动。

"顾客满意"，是针对博物馆受众而言的。对于博物馆来说，在观众参观体验这一点上同服务行业有着较大的相似性。观众进入博物馆的需求总体来说可以分为两大类：一是以教育学习、提升自我修养为主；二是以休闲娱乐的参观体验为主。因此博物馆要做到顾客满意需要满足以上两个层次的需求。让观众能够较为"容易"地获取知识显得十分重要，这要求在展览规划层面深入浅出，并且让观众习得的知识具有一定的应用性。因此震旦博物馆以"容易懂、效果好、方便用"作为检验馆内展览、讲座、出版物等一系列带有教育意义活动的标准。提供"展室如教室"的博物馆展览，能以正确和富有专业度的知识来丰富民众的精神文化生活，使观众获得超越期望的博物馆教育体验，最大程度满足观众的知识需求。同时注重馆内硬件的升级以及各项服务设施的配备，可以让观众轻松地畅游博物馆之中，体验优雅的人文环境。

什么样的情况下企业能够认为自己已经达到了"经营得意"的目标，陈永泰先生对此的解释是"回馈社会"，也就是说企业能够将部分经营成果回馈社会才是真正的"经营得意"。震旦博物馆开创本身就是一种以公益文化事业回馈社会的形式。博物馆不同于企业，它不能直接以物质的方式回馈社会，那就充分利用展品及研究资源，为社会教育体系的建设与完善做出贡献，并通过展览等其他教育活动在精神领域里回馈社会。

所谓"永续经营"是一个远大的目标，基本上不存在绝对的永续，但是以永续为目标不断追求、探索则是激发企业发展的一大动力，对于博物馆而言更是如此。如何尽可能长地保护、传承人类共同的文化宝藏是博物馆面临的问题之一。然而对于文物的保护不单单是文物本体的保护，更重要的还在于文化信息的传递，因此在博物馆中追求"永续经营"就需要保护文物及其优秀的传统文化，传承社会大众个体身份认知。同时对于民办博物馆自身而言，资金来源等问题也是支撑"永续"的根本。

三、经营战略

震旦博物馆定位为建立"一个全新但是有历史的博物馆"，旨在通过对历史文物的保护展示、学术研究与教育推广，成为一座传播中华文化与国际接轨的新时代博物馆。所以震旦博物馆立足于上海，转化为品牌传播的目标是"上海文化地标"，打造"大众最喜欢之生活休闲场所"。

通过品牌标签"黄浦江畔的文化宝盒"进行持续性的品牌偏好度的建构。具体的经营策略体现在"学术生活化""营运国际化"。震旦博物馆经营战略架构如图3所示。

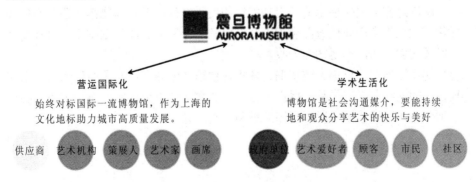

图3　震旦博物馆经营战略架构

　　"学术生活化"，是指以"料、工、形、纹"为研究核心的古器物学普及化的展演过程，让古代器物不仅具有美学赏玩、文化传承的价值，还有史学研究和人文教育的价值。震旦博物馆通过导览、讲座、文化活动、出版图书等形式，让公众深入浅出地学习古器物学。博物馆已陆续出版了一系列图文并茂的古器物学书籍，每本书都从震旦古器物学的论述切入，与读者分享文物鉴赏的乐趣与知识。

　　"营运国际化"，除了 2012 年与国际精品品牌宝格丽合作办展外，2013年威尼斯双年展期间，震旦博物馆与意大利威尼斯奎里尼·斯坦帕利亚基金会博物馆、亚洲艺术中心共同合作，邀请中国具有影响力的当代艺术家邱志杰创作出东西融汇、古今对话的"独角兽与龙"特展，其主题演绎即从震旦古器物学的研究出发，通过艺术创作，在全球瞩目的双年展盛会中，传达中华美术形式与文化思维，也展现震旦博物馆的理念宗旨与国际形象。

四、组织架构

　　如前所述，震旦博物馆受到震旦集团企业管理模式的影响，运营也采取企业管理的概念而非家族企业，引入多方人才，架构上分为董事会，下辖馆长室、学术组、推广组、服务组，在专业上进行分工，同时针对展览策划、学术研究、营销推广、公共关系、运营服务、工程管理、设备维护、保安保洁等方面聘请专业不同的顾问群，为长期经营打下基础，并制定各项管理流程，设定绩效考核目标，管控各项工作。

五、运营服务

　　震旦博物馆为学生与社会公众提供专门的艺术教育服务，包含"艺术课堂""文博专业实习基地""志愿者计划""震旦学术讲坛" 等项目。震旦博物馆规划了生活美学与"文化星期五"等丰富多彩的文化休闲活动，以此推动生活美学的实践。

　　除满足作为文化展示的教育功能性的场所之外，震旦博物馆在公众服务多样化与文化创意产业化方面也配置会员服务及专属卡、江景咖啡厅、自有商品开发及文创商店，为博物馆创收。

震旦博物馆商店，出售本馆图书、各式博物馆文创商品以及国内外知名艺术家与设计师的经典工艺作品，提供丰富多元的文博衍生纪念品。博物馆还精心打造了一楼和五楼的咖啡厅，充满书香和人文气息。

案例三

国内美术馆的运营

　　美术馆是专注于美术、艺术的博物馆，美术馆不仅仅是一个艺术品展览的场地，更是一个期待参与的场域，需要召唤公众靠近她，提供给人们艺术的体验，用以改变公众的常规视角和思维惯例。公众在美术馆感受艺术，用心、用手、用耳等静心触摸和体会，形成公众自己的一种新的认知和经验。

　　近年来，国家大力发展文化创意产业，博物馆（美术馆）事业蓬勃发展，自 2008 年起，公立博物馆、美术馆开始免费向公众开放，紧随之 2010 年左右民营美术馆开始蓬勃发展。民营美术馆作为一种新兴文化空间，虽然极大地更新了城市的景观与生活方式，但由于在地性的不足、知识生产模式的局限，以及圈层化、精英化的艺术趣味和价值取向，使得它与普通民众之间产生文化区隔，难以形成有效的艺术交流机制和文化认同，也成为民营美术馆必须正视和亟须解决的现实问题。

　　根据文化和旅游部数据显示，近年来我国美术馆数量增长显著，从 2013 年的 332 家到 2019 年的 559 个，从业人员 5016 人。这些美术馆主要集中在北京、上海、广东等经济发达地区。自 2013 年以来我国美术馆展览数量持续增长，2018 年我国共举办美术馆展览 7021 次，比上年增长 3.9%，参观人数 3721 万人次，与上年基本持平。

　　美术馆作为艺术类博物馆，围绕收藏、研究、展览陈列、教育等职能开展工作。美术馆收藏的各类美术作品，不仅是国家重要的文化财富，也是美术馆赖以生存的重要基础。随着经济的迅猛发展，我国美术馆事业兴起，本章将以广东时代美术馆、中央美术学院美术馆、中华艺术宫（上海美术馆）和龙美术馆四座具有代表性的当代美术馆进行案例分析，呈现出中国当代美术馆运营的现状及发展趋势。

第一节　广东时代美术馆

一、广东时代美术馆

广东时代美术馆是我国华南地区第一座社区型美术馆，是由民间资本——时代中国创办并支持的非营利艺术机构。

二、广东时代美术馆的场馆

广东时代美术馆由建筑师雷姆·库哈斯与阿兰·弗劳克斯设计，建筑设计感很强，仿佛是一件充满了冒险精神的当代艺术作品。雷姆·库哈斯和阿兰·弗劳克斯采用 T 形结构将美术馆嵌入住宅小区，首层大厅为美术馆的大堂，设有书店、艺术品商店和公共项目区，首层夹层为西餐厅，14 层为办公室，19 层为室内展厅、玻璃展厅和露台茶座。

广东时代美术馆是一个典型的"白盒子"建筑，整个空间采用的是现代主义建筑风格，如纯白色墙面、直线条结构、几何形窗户、开阔的展厅和露台，完全符合现代美术馆所追求的简洁、明快、开放的美学风格，给人带来良好的视觉观感和空间体验。

广东时代美术馆整个空间镶嵌于住宅楼体内，美术馆首层入口面向街道，设有书店、艺术品商店和公共项目区，大厅高 7.8 米的空间可举行各类公共活动；14 楼的办公区由三个住宅单元改造而成；专用电梯垂直经过居民楼直达 19 楼展厅，展厅被一个 75 米×12 米的轻质大屋顶所覆盖，光线通过设计独特的天窗射入主展厅，露台和两个玻璃房俯视都市景观，小区高层建筑的顶部则直接成为展墙视觉元素的一部分；楼顶的夹层作为档案阅读室，地下一层则用于作品的收藏和储存。

广东时代美术馆也是一个消费和休闲的空间，其经营的"艺术+系列"业务包含了西餐厅、艺术商铺、花店和茶座，它们分布于美术馆的不同区域，满足了人们餐饮、观光、社交等多种需求。

三、广东时代美术馆的活动

广东时代美术馆作为非营利性公益美术馆（民办非企），旨在与公众分享当代艺术作品，促进当代艺术发展。以研究性、实验性、对话性展览为核心，关注、推动珠三角以及南方地区的艺术生产，传播泛社区的机构与艺术概念，将构建公共艺术机构作为社会使命。广东时代美术馆致力于研究和展示当代艺术及其相关的文化理念，促进本土的、公共的、跨学科的艺术实践与文化生产。通过有意识地把艺术和文化的研究、展示、交流、教育和社区紧密结合起来，发掘当代艺术和文化与公众之间潜在的接触区，一方面为艺术实践和文化生产提供机遇和灵感，另一方面也打开一扇观众进入和了解当代艺术与文化现状的窗口。美术馆的功能空间分散于社区住宅建筑，这种介入式建筑结构在很大程度上实现了美术馆与所在社区之间的空间融合，促成两者在文化及社会层面的良性互动。

学习与体验活动是广东时代美术馆作为非营利性美术馆的一个重要的公共服务功能。通过策划各类创新的学习与体验活动，从传统美术馆的教授式、专业化、术语化阐述，发展成为引导式、带动思考、以平等的姿态与观众进行交流与对话，观众从被动的知识接收者成为主动的体验参与者。

广东时代美术馆提供各类面向公众的艺术家工作坊、专题讲座和导览活动；在展览实施和实验室项目中为艺术爱好者、艺术院校学生提供实践和实习机会；与艺术院校、中小型艺术机构和非营利组织合作，将当代艺术带进城市和社区；两大年度展映项目——"艺术空间独立放映联盟""北欧纪录片电影节"和各类主题电影放映，为电影爱好者提供交流与创作平台；美术馆还特别针对忙碌的城市文化精英，组织"艺术+之夜"等鉴赏性艺术聚会。自2012年12月开始，广东时代美术馆每年举办一届"社区艺术节"，聚集社区的创意能量和公共文化艺术元素，打破美术馆空间与社区公共空间的界限，拉近艺术与观众的距离。

广东时代美术馆的出版物是展览、开放工作室、学术交流、公共教育等活动之外的另一种话语载体，通过呈现、整理、分享和反思发展中的艺术概念，记录已开展的项目，将美术馆的活动向更大范围的公众传播。期刊《南方以南》第一期内容已经完成，可以在广东时代美术馆官方网站上免费阅读。

（一）展览活动

近年来，广东时代美术馆举办的活动主要有五大系列：一路向南、榕树头、委任项目、泛策展和前景，以展览、博客、表演、驻留、放映、工作坊、研讨会等方式呈现。

"一路向南"是一个研究、驻地和委任创作的交换网络。为了回应"中国南方"与"全球南方"的历史，记录南方化进程中的差异和共鸣，广东时代美术馆联合文化生产者和机构，在艺术、学术研究和档案之间搭建桥梁，为当代的离散经验和艺术家对跨地域社会转变的观察提供容身之所。

"榕树头"是广东时代美术馆于2016年免费向公众开放的全新项目。该项目空间位于美术馆正门入口旁的临街玻璃墙内，一年两期，艺术家将成为这个临时性公共空间的主人，以黄边社区作为研究样本，通过开展持续的对话，不断深入地认知与沟通，理解美术馆所处的现实环境，反思当代美术馆在社区中

的角色，建立美术馆与周边社区的有机关系

"委任项目"是通过艺术家的观察和转化，记录丰富而具体的文化时刻和社会转变，为持续的社区对话和美术馆的未来项目提供起始点和资源。

"泛策展"研讨会启动于 2012 年，目的是在一个社区学院的氛围里，测试艺术的批评功能。学者、艺术家、文化生产者和观众聚集美术馆的空间里，分享和讨论从艺术领域辐射开来的跨媒介、跨文化和跨地区议题。

"前景"个展重视创作美学与社会价值之间的动态平衡，每年定档于当代艺术活动的地区热门时段。广东时代美术馆邀请艺术家就时代美术馆的建筑特色和语境展开实验。

（二）社会教育

广东时代美术馆作为非营利性的公益美术馆承担着一定的社会教育功能。为了加强青少年对当代艺术的了解，拓宽艺术视野，提升艺术修养，广东时代美术馆长期面向青少年招募志愿者，特别是与学校合作招募青少年志愿者，如 2019 年 12 月广东时代美术馆与广州美院附中共同开展志愿者合作计划活动，招募一批广州美院附中学生每周六来广东时代美术馆从事志愿者相关工作，内容包括：导览服务、展览讲解、跟进艺术家项目、跨学科项目等，为青少年学生提供了一个课堂之外的学习平台。

广东时代美术馆大部分的展览和项目主要面向成年人。美术馆主要吸引和服务的观众是专业人士、高知群体、文艺青年等年轻化、专业化和高学历的人群，广东时代美术馆一是为来参观的观众提供导览手册和每周六、日的免费人工导览服务，关注观众的参观体验；二是定期面向对当代艺术感兴趣的学生以及社会各界人士招募志愿者，并为优秀志愿者提供实习机会；三是大众可以通过广东时代美术馆微信公众号、微博等官方账号获取近期的展览和活动安排，选择感兴趣的活动，并安排时间前往参加；四是《南方以南》期刊的电子版全部内容可在广东时代美术馆官方网站上免费获取。

广东时代美术馆在传播艺术资讯、普及艺术教育方面做出了许多贡献。美术馆开办的亲子工作坊，内容涉及舞蹈、戏剧、绘画、游戏等内容，受到家长和孩子的欢迎。美术馆曾邀请知名漫画家叶正华博士开设"左手动漫，右手艺术"的儿童创意美术课程班，吸引孩子和家长参加学习。广东时代美术馆不定期为孩子和家长提供专门的亲子导览服务，由专业的导览人员带着孩子和父母参展，为他们解读艺术背后的故事以及和家庭一起聊展览主题。

广东时代美术馆通过长期志愿者招募计划，让更多对当代艺术感兴趣的大学生通过美术馆的志愿服务，深入了解当代艺术与美术馆运作，并借此建立观众与当代艺术的体验交流平台。美术馆作为学术机构，学术体系的梳理和建设是其重要的责任和使命，学术专业性建设和独立性的坚持是其依存的基础。自2017年起，广东时代美术馆正式组建了学术委员会。学术委员会与董事会并行，是广东时代美术馆开展典藏、研究、展览陈列、公共项目、学术交流及其他重大学术活动的审议与咨询组织，每一届外聘学术委员五位，任期为三年。

广东时代美术馆从诞生之初就与社区有着不可分割的亲密关系，一直处在不断发展变化的城乡接合部。美术馆在发展道路上不断汲取周边的灵感和养分，引发一系列相关的田野调查、话题讨论与艺术实践。广东时代美术馆一直关注当代艺术、艺术机构与社区的关系和共生模式，通过"社区艺术节""人民公园"和"榕树头"等项目搭建多方合作的平台，为社区群众提供了多元化接触艺术的途径，共同讨论艺术介入、参与性、多样性等话题。

广东时代美术馆注重扶持中青年艺术家。广东时代美术馆的展览以主题性和研究性的群展和个展为主，通过强调策展概念和模式上的实验，对所在城市、社区和机构的语境做出回应，为处于上升期的中青年艺术家提供一个对话和生产的研究展示平台。

广东时代美术馆邀请艺术家进行开放的驻地创作，打破美术馆只呈现完成作品的常规，引入艺术家的创作过程，并让观众与艺术家进行零距离交流。广东时代美术馆一方面鼓励艺术家走出工作室，提供美术馆的环境和资源，对艺术项目进行资助、协助实施和文案记录，为推动具有探索性和思考性的艺术作品的完成提供条件。另一方面，结合馆内外的社区和场所，以展览、讲座、讨论会、放映、工作坊等形式，让观众近距离接触到艺术家的思考和作品制作过程。开放工作室力图营造一个艺术家-艺术品-美术馆-观众-艺术家的循环过程，为艺术家提供一个展示和讨论作品的实验平台，并通过个别项目探讨美术馆和社区及其居民的关系。

此外，广东时代美术馆还为艺术家作品及项目资料建档，以阅览室或电子档案的方式逐步向会员与公众开放，它是一个可供艺术家聚集、交流思想并协助他们完成作品的基地，也是一个研究中心和思想库。

第二节　中央美术学院美术馆

中央美术学院美术馆作为中国第一个专业性美术馆，依托美术学院的丰厚教育资源优势，可以更好地发挥教育、研究、陈列、收藏等作用，其专业性、功能性、展示性可作为对评估机制研究的参考标准。

一、中央美术学院美术馆简介

中央美术学院美术馆原名中央美术学院陈列馆，建于 1953 年。中央美术学院美术馆秉承"兼容并蓄、继古开今"的学术理念，依靠中央美术学院这一教育资源，积极创造、传播和研究美学文化，兼具吸收不同类型的美学文化，既是文化的创造者，也是文化的继承者、发扬者和创新者，再一次增添了中央美术学院的艺术氛围，更好地向学生传播艺术知识，增强了高校竞争力。同时，作为文化机构，中央美术学院用"智识"服务于社会，致力于当代公共文化空间的建设，以全新的视野向公众呈现人类的艺术文明，与社会各界分享时代文化。

2008 年 10 月，美术馆新馆落成开放，位于朝阳区花家地南街 8 号的中央美术学院院内，由日本著名建筑师矶崎新主持设计。如今美术馆占地面积 3546 平方米，总建筑面积 14777 平方米，共分为六层，地上四层，地下两层，其中地上二、三、四层为展示空间，且在廊坊、青岛设有美术馆分馆。

截至 2017 年入馆藏品达 18050 件，截至 2020 年在线展示藏品达 199 件（根据央美美术馆官网）。中央美院美术馆是中华人民共和国成立后建造的第一座专业美术展览馆，于 2010 年底被评为首批"全国重点美术馆"之一。

二、中央美术学院美术馆场馆

中央美术学院美术馆的建筑风格比较独特，外观是三面 L 形双曲面墙沿一个方向从内向外扩张而后形成的建筑实体，看起来整体向外翻卷扭曲，具有强大的动势。作为依托美术学院的美术馆，建筑外观天然岩板墙的灰色与中央美术学院建筑颜色相融合。另外，在夜幕降临时，外部花园的地面射灯照射在美术馆外立面上，呈现不同的颜色。

在展馆内部，入口大厅在顶部的自然光的照射下，尽显庄严。展厅之间由斜面相连接，配合楼梯形成通道，给予参观者不同的参观路径及"漫步式"的观展感受。美术馆三层和四层展厅顶部是透光设计，外部自然光可通过顶部投入展厅，给予展品自然美感。

中央美术学院美术馆主体高 24 米，共有四个展厅，还有室外花园部分。地下一层有报告厅以及创作室、会议室等办公区域，地下二层为书画保存机构，包括修复室、研究室、暂时和永久典藏室。各展示厅之间通过斜面和楼梯间连接，从外部投入的自然光与灯光引导参观者上下和进入展厅参观，且斜面与平面相互叠加，更显空间宽敞。通道一侧设有艺术品展陈，给予参观者"移步换景"的观感，还可俯瞰入口大厅。

地上一层为观众提供空旷的公共空间，设有书店、咖啡厅以及可以容纳380人的会议厅。二层是相对封闭的空间，主要满足固定展览的需要，该层完全采用灯光，避免了阳光中紫外线的照射对书画的损害，适合书画长期展览。值得一提的是，在该层有40米的珍藏陈列室，长期陈列明清的精品画作，方便研究和观赏。三层、四层主要针对大型展览，没有立柱，展厅采光利用壳体的一个水平剖面形成类似月牙形和三角形采光顶，用自然采光满足对光线的要求，也可用上方灯光进行照明，可以满足多种大型展览的需要。美术馆很好地将美术馆基本职能通过建筑空间设计进行了合理划分和有机组合。

三、中央美术学院美术馆的活动

（一）藏品与展览

中央美术学院美术馆主要收藏具有中国特色及艺术价值和历史意义的书画、雕塑、油画、版画、素描、水彩粉画以及现代摄影作品等，也收藏西方的艺术作品，收藏作品类型较为齐全，可以说中央美术学院美术馆的藏品是一个中国艺术的发展史，也是外国艺术的历史。除了常设展外，还会定期举办临时性展览和周期型展览，比如一年一度的中央美术学院学生毕业展。

（二）学术研究活动

与其他公共美术馆相比，中央美术学院美术馆作为依托美术院校而建的高校美术馆，其学术作用显得尤为突出。该美术馆除了保存、修复、收藏等博物馆基本职能之外，最主要的功能就是学术研究。依托中央美术学院丰富的教学资源和师资力量，进行美术研究、艺术展览研究、艺术批评、典藏研究等学术研究活动，还适时在线下举办学术研讨活动，发表专题报告和访谈文章等。

同时，该美术馆还进行学术年鉴、展览纪要、馆藏精品介绍的出版和一些与美术研究相关的书籍推荐售卖。该美术馆，每年都举办中央美术学院毕业生作品展，将高校学生课业成果进行展示，把学生与美术馆紧密联系在一起；举办工艺和民间艺术博物馆（以下简称 CAFAM）讲座系列活动，包含艺术史视角、当代艺术与现场、艺术+科技、人文视野、创意认知五个方面，面向高校学生、学者和专家，让他们的思想在此凝聚，融会贯通。

（三）社会宣教活动

中央美术学院美术馆依托优势艺术资源，开设了面向社会的社区系列课程活动，形式包括学术讲座、论坛以及相关出版物。

中央美术学院美术馆针对家庭开展了 CAFAM Kids 课程，该课程是鼓励孩子接触多种创作材料和艺术形式，尝试丰富的艺术创作方法，进行艺术作品制作，让孩子们在成长过程中完善自我，更好地认识自己。其中，儿童工作坊是亲子活动项目，孩子在家长的带领下，用手来感知美的温度。同时，将"高参小"项目引入课程，助力北京小学生美育发展，使小学生们也能够实地参与艺术实践。另外，还会不定期举办与儿童美术相关的演讲活动，比如画出最美好的明天"最会画老鼠的画家爷爷"日本画家岩村和朗央美演讲。

"智识"学习中心由中央美术学院美术馆于 2017 年成立，依托中央美术学院的学术力量，通过精心制作的艺术纪录片，"智识"学习中心为中央美术学院师生、观众提供线上教学资源以及丰富多样的知识分享与交流。纪录片包含《CAFAM 探索·艺术家》《CAFAM 探索·展览》《CAFAM 探索·讲座》《CAFAM 探索·读书》四大栏目，观众可随时访问官网进行观看，这些纪录片通过讲述展览、介绍艺术品及艺术家、访问当今学者及专家达到传播文化和分享知识的目的。

第三节　中华艺术宫

中华艺术宫（上海美术馆）成立于 1956 年，是一座近现代艺术博物馆，也是中国最早建立的美术馆之一。新馆址原为中国 2010 年上海世界博览会中国馆，坐落于上海世博园区，改建后于 2012 年 10 月 1 日对外开放。中华艺术宫总建筑面积 16.68 万平方米，展示面积近 7 万平方米，拥有 35 个展厅。公共教育空间近 2 万平方米，配套衍生服务经营总面积达 3000 平方米。

一、中华艺术宫简介

中华艺术宫是一座集公益性、学术性于一身的近现代艺术博物馆，以收藏保管、学术研究、陈列展示、普及教育和对外交流为基本职能，坚持立足上海、携手全国、面向世界。自开馆后，参照国际艺术博物馆运行的经验，逐步建立了政府主导下理事会决策、学术委员会审核、基金会支持的"三会"一体运营架构。

以打造整洁、美丽、友好、诚实、知性的艺术博物馆为目标，中华艺术宫以上海国有艺术单位的收藏为基础，常年陈列反映中国近现代美术的起源与发展脉络的艺术珍品；联手全国美术界，收藏和展示代表中国艺术创作水平的艺术作品；联手世界著名艺术博物馆合作展示各国近现代艺术精品，成为中国近现代经典艺术传播、东西方文化交流展示的中心。同时，馆内还设有艺术剧场、艺术教育长廊等艺术教育传播区域，引进了与馆内整体文化形象相吻合的餐饮、图书、艺术品等配套衍生服务，积极打造"艺术服务综合体"的文化服务概念。

二、中华艺术宫的场馆

中华艺术宫是一座以中国近现代美术收藏、展示、研究、教育、交流为基本职能的综合性艺术博物馆。中华艺术宫馆址原为 2010 年上海世界博览会中国国家馆，象征中国精神的雕塑感造型主体表现出了"东方之冠，鼎盛中华，天下粮仓，富庶百姓"的中国文化精神与气质。中国馆融合了中国古代营造法则和现代设计理念，诠释了东方"天人合一，和谐共生"的哲学思想，展现了艺术之美、力度之美、传统之美和现代之美，是对中国文化的最好表达。

中华艺术宫"东方之冠"具有明显的中国特色，它融合了多种中国元素，并用现代手法加以整合和提炼，它的造型还借鉴了夏商周时期鼎器文化的概念。鼎有四足，起支撑作用。作为国家盛典中的标志性建筑，光有斗拱的造型还不够，还要传达出力量感和权威感，这就需要用四组巨柱，像巨型的四脚鼎将中国馆架空升起，呈现出挺拔奔放的气势，同时又使这个庞大建筑摆脱了压抑感。通过巨柱与斗拱的巧妙结合，将力合理分布，使整座建筑稳妥、大气、壮观，极富中国气派。同时向前倾斜的倒梯形结构，是现代建筑向力学的又一挑战。将传统建筑构件科学地运用，是中国人的又一创造，它向世界传达了一个大国崛起的概念，也向世界展示了中国人的文化自信。

中华艺术宫的标志也巧妙地融入中国的汉字文化。上方为繁体"华"字，代表中华大地和华夏儿女，同时也与中华艺术宫外观相似；下方为中华艺术宫的中英文名称。

中华艺术宫场馆内部一共有 6 层：分别是 49 米层、41 米层、33 米层、5 米层、0 米层和 B2 层。其中 49 米层、41 米层、33 米层和 0 米层设有常设展览或临时展览。

49 米层是馆内最高的楼层，设有 3 个常设展：1 号至 4 号展厅展出 "江山如此多娇——中国艺术的文心与诗意"、5 号展厅展出多媒体版《清明上河图》和 6 号展厅展出"俞云阶馆藏精品展"。

41 米层设有 1 个常设展，7 号至 10 号展厅及 7—1 号展厅，展出"海上明月共潮生——中华艺术宫藏华人美术名家捐赠作品展"。

33 米层设有 1 个常设展，11 号至 13 号展厅，展出"我的艺术属于人民——馆藏吴冠中作品展"。

0 米层用来设置临时展览，这一层有 0 号展厅、15 号展厅、18 号展厅、21 号展厅、22 号展厅和 28 号展厅可供使用。

中华艺术宫设置了亲子阅读区，位于长廊的中部和端头部分，放置了部分儿童桌椅和书柜，陈列了适合儿童阅读的画册和书刊，周边有可供家长辅导与看护的凳子。总体上为参观展览的儿童和家长提供了一个安逸舒适的阅读体验和休闲空间，为接下来的参观活动做心理上的适应和体力上的调整。让儿童进入中华艺术宫体验艺术氛围、获取艺术知识，在属于自己的艺术天地中与父母共同阅读艺术书籍。

三、中华艺术宫的活动

（一）展览

中华艺术宫开设的展览分为常设展览和临时展览。常设展览有"我的艺术属于人民——馆藏吴冠中作品展""海上明月共潮生——中华艺术宫藏华人美术名家捐赠作品展""江山如此多娇——中国艺术的文心与诗意""俞云阶馆藏精品展""名家艺术陈列专馆""多媒体版清明上河图"和"上海历史文脉美术创作工程成果展"。

以"我的艺术属于人民——馆藏吴冠中作品展"和"海上明月共潮生——中华艺术宫藏华人美术名家捐赠作品展"两个常设展览为例，"我的艺术属于人民——馆藏吴冠中作品展"展出了吴冠中先生的作品。吴冠中先生是20世纪具有重大影响力的杰出艺术家，是中国现代美术发展的一面重要旗帜，中华艺术宫是海内外收藏吴冠中先生作品最多的机构之一。展出的作品重点体现了吴冠中先生的名言"艺术家属于人民，艺术作品应归属人民"。"海上明月共潮生——中华艺术宫藏华人美术名家捐赠作品展"展现了20世纪海内外美术家的优秀作品。作为中国重要的开放城市，上海汇聚了以中西融合为特征的"海派文化"，孕育了以革命图强为目标的"红色文化"。在风云激荡的20世纪，海内外重要的美术家几乎都与上海这座城市有关，他们留下的许多作品是中国文化生生不息的印证，更是东方审美独特价值的呈现。

在这些展览中，49米层展出的多媒体版《清明上河图》利用先进科技营造的全新视听场景最为著名。北宋宣和画院的画家张择端，将七百多年前北宋首都汴京城的真实面貌汇聚于《清明上河图》之中。这件已有近千年历史的真迹，每次展出参观者都大排长龙，这对原作是一种磨损。日新月异的技术更新挑战了文化艺术的存在方式，中华艺术宫多媒体版《清明上河图》让一件近千年的巅峰巨作再一次焕发出全新的欣赏方式。科技与艺术融合，开启新视听之旅。多媒体版《清明上河图》总长128米，高度达到6.5米，将原作放大近30倍。12台电影级大型投影设备同时开动，将"会动"的《清明上河图》投射到巨大的屏幕上。多幅不同的画面拼在异形屏幕上毫无违和感，还保留了原作的所有特征，包括每条街道、船只、树木、建筑以及色调，目之所见，和原作所差无几。北宋时夜市的营业时间直到子时三更，早晨寅时五更又开张了，此种繁华不可言喻。在研究北宋城市经济的基础之上，多媒体版《清明上河图》首次增加了夜景篇章。利用投影和动画的独特优势，将宋代汴京繁华的夜景第一次依托多媒体版《清明上河图》展示在世人眼前。作品下方营造出波光粼粼的虚拟汴河，与长卷互为启合，加上声光电全效及 8 个智慧点的重点介绍，看点十足。

（二）宣教活动

中华艺术宫为青少年开展了丰富多彩的美术教育活动，如在六一儿童节这一广大少年儿童自己的节日里，中华艺术宫联合上海市教委校外联，在中华艺术宫举办一系列儿童美术活动，吸引广大青少年及其家长踊跃参与，共享艺术盛宴。"绘·出彩"——美术教育互动展示活动，既有拼图、填色、电脑绘画等儿童多媒体互动，又有趣味版画拓印、民间扎染、皮影、黄草草编（国家非物质文化遗产）等手工内容，还有近十所美术教育特色学校的油画、国画、儿童创意绘画等传统美术门类的教育内容，力求呈现丰富多彩的儿童美术教育互动形式，为美术馆教育中的馆校联动提供发展依据和未来展望。

另外，馆内还设有互动体验区，采用浦东特殊教育学校残障儿童刻制的版画母板，设计了六款仿照传统印章的拓印互动游戏。观众可以在现场将纸张覆盖在母板上，用蜡笔或铅笔涂抹以获得图案的拓片，并将其留作纪念。它使人们通过实际操作体验并了解版画的印制乐趣。在互动体验区，可以适量取用纸张与蜡笔，将纸张覆盖在模板上，用蜡笔涂抹，即可将模板上图案拓印到纸张上，通过动手体验，了解版画的印刷方式。

中华艺术宫的官方网站设有网上课堂。艺术爱好者们可以自由阅览并下载丰富的艺术课件，如《走进花鸟画的秘密花园》《国画中的水彩画系列》《穿越艺术的时光隧道系列》《指尖上的墨韵》《林风眠系列》等。游客可以从官网上下载幻灯片或视频进行学习。同时，网站上还会展示相关作品的研习对比，以此鼓励广大艺术爱好者积极研习作画。

（三）艺术活动

中华艺术宫面向公众不定期举办各类艺术活动，平均每场活动可容纳 20—50 人，预约平台为官方微信公众号。艺术活动的主题多种多样，包括乐器、书法、建筑、动画等，琵琶演奏的继承与发展；美轮美奂的戏曲人物、舞蹈与唱腔；以汉字为载体、以点线为性情的书法艺术；讲述建筑的人文记忆以及城市发展内核的故事，发现和分享城市之美，得到心灵滋养的上海老建筑解读；培植文化底蕴、寻找民族之根的动画，这些艺术活动以亲切的姿态走向大众。除了艺术活动，不定期举办的讲座也能吸引有兴趣的公众前来学习和交流，如讲解京剧行当的分类及表演手法、敦煌艺术的视觉意象及其学术意义、木结构建筑的优势与运用、艺文会·101 个芭蕾夜——致敬芭蕾大师乔治·巴兰钦、"电影学堂·大师班"——致敬阿巴斯·基亚罗斯塔米等。

第四节　龙美术馆

一、龙美术馆简介

龙美术馆是由中国收藏家刘益谦、王薇夫妇创办的私立美术馆。龙美术馆浦东、浦西两座馆遥相呼应。龙美术馆（浦东馆）位于上海市浦东新区罗山路，建筑总面积约为 10000 平方米，于 2012 年正式开馆。龙美术馆（西岸馆）于 2014 年在上海徐汇区盛大开馆，美术馆主体建筑以独特的"伞拱"结构为建构特征，由大舍建筑设计事务所负责设计建造，建筑总面积约 33000 平方米，展示面积达 16000 平方米。同年，刘益谦先后以 2.8 亿港元和 3.484 亿港元拍得"明成化斗彩鸡缸杯""明永乐御制红阎摩敌刺绣唐卡"，分别创下中国瓷器和中国艺术品的世界拍卖纪录。龙美术馆也因其主人一年内大手笔竞投拍得两件"镇馆之宝"藏品而声名远扬。重庆馆也于 2016 年 5 月底开幕，由此构成了"两城三馆"的艺术构架。龙美术馆以刘益谦、王薇的私人收藏为基础，长期致力于专业的艺术展览、研究、收藏以及公共文化教育的传播，是目前国内具有相当规模和收藏实力的私立美术馆。

龙美术馆以推动艺术发展和文化传承为己任，在扎根本土的同时，注重古今艺术、东西方文化的对比展示与研究，以全球性的视野呈现视觉艺术的多元性，系统地展现中国艺术的辉煌成就和当今世界艺术的新鲜活力，打造比肩世界水准的私立美术馆。

龙美术馆浦东馆如图 1 所示。

图1 龙美术馆浦东馆

二、龙美术馆的场馆

龙美术馆浦东馆主体建筑共分四层，地下一层为公共教育区域，设有图书阅览室、学术报告厅等；一层展厅主要展出主题多样的当代艺术；二层展厅为"红色经典"艺术常设展区，系统地展现了中国革命题材主题创作从延安时期至改革开放时期的全貌；三层为中国传统艺术的常设和临时展厅，以书画艺术为主，还设有中国古代器物和家具的展示空间。

龙美术馆西岸馆曾为运煤码头，其主体建筑以独特的"伞拱"结构为特征，共四层，其中有三层为展示空间。地上一层、二层为绘画、雕塑、装置、新媒体等当代艺术的展示空间，出挑的拱形空间表面由质地细腻的清水混凝土浇灌而成，与原北票码头构筑物"煤漏斗"改造而成的时尚空间"斗廊"形成视觉呼应，营造出理性冷静的工业感与原始感，以及对比鲜明的力量感与轻盈感，同时赋予美术馆建筑以敏锐的当代性和创造性。地下一层为中国古代艺术珍品及民国时期美术作品的常设展示空间，"白盒子"式的矩形展厅凸显中国传统艺术的历史传承与博大精深。

龙美术馆西岸馆的入口处设有参观手册，里面有详细的参展路线以及每个展厅的详细介绍。西岸馆室内多采用落地窗，多数光线来源自然采光，扇形弧度的挑高与雾霾灰的墙体设计，更容易让人驻足停留。馆内空间设计十分空旷，即使多人参观也不会感到拥挤，并且在很多作品前设置有长凳，参观者可在作品前小坐片刻，仔细探究作品。

三、龙美术馆的藏品与活动

龙美术馆庞大的收藏体系可谓是中国民营美术馆中的标杆。龙美术馆展出的藏品大部分来自刘益谦、王薇夫妇的个人收藏，可划为三大块：一是中国传统艺术，包括书画、瓷器杂件；二是龙美术馆引以为傲的"红色经典"；三是 20 世纪及当代艺术，包括中国现当代艺术、亚洲当代艺术、欧美当代艺术。由 2014 年龙美术馆的公开宣传文案可知，当时馆藏的 20 世纪作品已达 910 余件（组），馆藏的现代版画近 90 件，近年来这些数字仍在不断扩充。龙美术馆出版的六本图书中也多有涉及其藏品。

龙美术馆西馆入口如图 2 所示。

图 2　龙美术馆西馆入口

（一）展览

基于如此丰富的藏品，龙美术馆根据三馆不同的特点制定了各自的展览内容。浦东馆主打红色经典展览，现已被列为爱国主义教育基地，其中藏品《艰苦岁月》描绘了毛泽东同志在井冈山的茨坪，领导工农红军艰苦创业的故事，这幅作品因被收入小学课本而家喻户晓；西岸馆则以综合性的大展、特展为主，除结合馆藏举办的特展外，也会引进国内外当代艺术家的展览，如奥拉维尔·埃利亚松、詹姆斯·特瑞尔、安东尼·葛姆雷、庞茂琨、喻红等；重庆馆因展馆场地面积有限，则以巡展为主，精选西岸馆的一些展览和藏品进行巡展。

（二）宣教活动

龙美术馆自 2014 年 8 月起已举办多期"龙小美美育计划之少儿艺术实习生"项目，由龙美术馆文化教育部策划，为 6—14 岁热爱艺术的孩子们提供一个展示自身价值的平台，让他们在龙美术馆担任导览员，参与特设项目任务等。

2018 年龙美术馆·华师大二附中国际部（紫竹校区）中学生美术馆志愿者成长计划，通过四次系列性的移动课堂，美术馆讲师对展览知识的培训、学校老师对历史知识的延伸补充与辅导，让青少年学生通过在龙美术馆担任展览讲解员，体验用纯真的感受、独特的表达方式，将知识与艺术分享给公众。

2020 年龙美术馆（西岸馆）在庆祝六一儿童节之际更新艺术展览，展出 20 余组龙美术馆提供的私人收藏作品，包括油画、版画、雕塑等，旨在提高孩子们对艺术的兴趣，为其生活注入文艺活力。

（三）研讨活动

龙美术馆对成年人也开展了许多相应的活动，例如，2018 年 6 月，首届"美术馆 2050"研讨会与工作坊在龙美术馆（西岸馆）举办。研讨会在奥胡斯（ARos）美术馆馆长（Erlend Høyersten）及尤伦斯当代艺术中心馆长田霏宇的主题演讲中开始，随后 12 位国内外年轻学者以"展望新机构模式：本世纪中叶的中国文化景观"为主题展现他们具有活力及丰富多样的研究成果。此工作坊系列为年轻的美术馆工作人员提供一个学习和分享的平台，以便从同龄人或更有经验的人的经历中受益，希望为中国创造一个更加活跃和联系紧密的文化景观。2020年 5 月龙美术馆（西岸馆）开放给年满 18 岁，对当代艺术有兴趣的学生以及社会人士申请美术馆志愿服务工作，并对其展开培训。

（四）其他活动

龙美术馆除了举办展览作品活动外，也会经常举办如电影放映、讲座论坛、舞蹈演出、音乐演出等活动。如舞蹈家（IRATX+IGOR）领衔的驻地艺术家项目（Metamorphosis International Residency Shanghai）为龙美术馆（西岸馆）定制的环境舞蹈演出"邂逅 ENCOUNTER"；由匈牙利驻沪总领事馆和匈牙利国家媒体与信息通信管理局主办，龙美术馆承办的匈牙利电影日，为公众放映了三部优秀的匈牙利电影；"路易丝·布尔乔亚：永恒的丝线"系列讲座第一场，探讨路易丝·布尔乔亚这个世界上最重要的艺术家之一和她独一无二的艺术语言及人生故事。

案例四

高校博物馆的建设与运营

西方早期的博物馆亦是大学，或者说大学也是博物馆。自 1683 年位于牛津大学的阿什莫林博物馆这一世界上第一所公共博物馆的建立，就注定了高校与博物馆之间不可分割、紧密相连的"血缘"关系。世界上许多著名高校将博物馆作为高校建设的重要部分。高校博物馆不仅承担学校的学术研究和教学任务，也更广泛地参与到社会公共服务中。世界知名的高校，都有一座一流的博物馆，如宾夕法尼亚大学的考古学与人类学博物馆，柏林洪堡大学的自然博物馆，剑桥大学有考古和人类学博物馆、帝国战争博物馆、古典考古博物馆、民俗博物馆等，哈佛大学更有近 20 个博物馆组成的博物馆群。时至今日，这些高校博物馆历经岁月，已然发展形成一个数量庞大、类型丰富，有自己专属风格的博物馆体系，在高校的教育研究和社会公众科普教育中发挥着积极重要的作用。本章将就牛津大学的阿什莫林博物馆、剑桥大学的菲茨威廉博物馆以及上海大学博物馆展开论述，呈现大学博物馆这一独特的文化教育场馆的运营。

第一节　牛津大学阿什莫林博物馆

博物馆源起于高校，Museum 一词本意是"大学建筑"，是"用于追求治学和学艺的大楼或房舍"，世界上有很多著名的高校博物馆，如剑桥大学菲茨威廉博物馆、哈佛大学皮博迪考古学与人类学博物馆、柏林洪堡大学自然博物馆等。许多国家博物馆也都起源于大学，如埃及亚历山大学院和图书馆的一部分，被认为是世界上第一座博物馆的雏形，是当时世界上最大的艺术与科学中心，被誉为"缪斯学园"。牛津大学的阿什莫林艺术与考古博物馆，被称为第一个现代博物馆，正是它，奠定了当代大学博物馆的基本组织体系。

一、阿什莫林博物馆的建立背景

阿什莫林博物馆诞生于 1680 年，当时富有的古董收藏家阿什莫林（Elias Ashmole）将他的收藏品赠予牛津大学。阿什莫林博物馆位于英国牛津市中心的博蒙特街（Beaumont Street），是牛津大学五个博物馆中最大的一个。该博物馆由查尔斯·柯克雷尔（Charles Cockerell）吸收古希腊建筑风格，采用爱奥尼亚柱式体系结构设计建造，于 1683 年对外开放。该博物馆是英国第一个公共博物馆，也是世界上最早的公共博物馆之一，同时也是世界上规模最大、藏品最丰富的一座大学博物馆。它的形成标志着近代博物馆的诞生。

1675 年，阿什莫林有意将自己的收藏赠予牛津大学，牛津大学表示欣然接受，附加条件是牛津大学要为这些收藏品兴建一个专门用于收藏的建筑。应此要求，1679 年至 1683 年间牛津大学建成了今天被称为老阿什莫林大厦的建筑。1683 年 5 月，该博物馆正式开放，博物馆的名称是阿什莫林博物馆。阿什莫林博物馆分为三部分：自然史标本，古董与珍奇，图书馆、教室与化学实验室，每部分的主管人都由学者担任。此后两百年，这个博物馆一直是牛津大学科学研究的中心。阿什莫林博物馆不仅是公共博物馆文化的先驱，更是与牛津大学教学紧密结合的机构。阿什莫林博物馆作为近代第一座公共博物馆呈现三大特点：

第一，博物馆不再是私人所有，它面向公众开放，公共研究机构牛津大学成为其所有者，这从根本上决定了阿什莫林博物馆的公共性质。谁买了票，谁就被授予进入博物馆的权利。公共所有权是阿什莫林博物馆与以往皇家或私人收藏最本质的区别，也使公共收藏文化成为现实。

第二，1675 年，阿什莫林与牛津大学开始就捐赠特拉斯坎特家族的藏品一事进行谈判，要求牛津大学建造一座适合收藏的特殊建筑，应此要求，牛津大学于 1679 年至 1683 年完成了该建筑。不同于以往的私人"收藏馆"，收藏馆依附于收藏者的住宅或由住宅改建而成，新的博物馆建筑是一个独立的公共空间，博物馆文化的公共性可以从独立的收藏建筑中传达出来。

第三，阿什莫林博物馆的独特之处在于它专注于牛津大学的教学目的，只定期向公众开放。正如它的全名——"阿什莫林博物馆，自然历史学院和化学实验室"，最初是一个自然科学研究机构。阿什莫林博物馆成立伊始，作为历史上第一个公共博物馆，它的功能是大学的教学和实验场所。

二、阿什莫林博物馆的发展

阿什莫林博物馆第一次开放时，其内部可以容纳实验室和教室，满足大学自然科学教学的要求。随着这些学科的不断发展，阿什莫林博物馆已经很难满足相关的教学要求。因此，牛津大学于 1860 年开设了第二个博物馆。新博物馆的基本藏品是老博物馆藏品中幸存的自然史标本。给阿什莫林博物馆的运营带来了些许困难，因为博物馆中相当大一部分最重要的藏品已经不在了。考古学家亚瑟·埃文斯（Arthur Evans）填补了这一空白，他在 1884 年成为阿什莫林博物馆的管理员。在他 24 年的管理中，不断搜寻国际上重要的考古收藏品，纳入阿什莫林博物馆之中。1894 年，他将这些藏品从布罗德街（Broad Street）转移到大学美术馆（University Art Galleries）后面的博蒙特街（Beaumont Street）。1908 年，这两个机构合并，创建了现在的阿什莫林艺术与考古博物馆（Ashmolean Museum of Art and Archaeological）。1922 年，埃文斯还安排了牛津大学的硬币收藏作为阿什莫林藏品的一部分。

随着英国和欧洲各地的考古发掘，尤其是埃文斯在克里特岛克诺索斯的发现，文物数量逐渐增加，其他重要的收藏品则来自埃及和中东地区。在此期间，由于绘画和素描的发展，艺术品的标准也得到了提高。1893 年，托马斯·库姆的遗孀玛莎·库姆捐赠了一批重要的前拉斐尔派作品。

20 世纪阿什莫林博物馆印度研究所的收藏形成了一个新的东方艺术系，将东南亚、中国、韩国和日本等纳入其中，并赋予这些领域以学术地位，进而鼓励进一步的重要捐赠。如今，阿什莫林博物馆拥有除中国以外最大的中国绿色器皿收藏品，也是欧洲最好的中国现代艺术收藏之一。

从 2006 年到 2009 年，在英国遗产彩票基金（Heritage Lottery Fund）的支持下，阿什莫林博物馆由建筑师瑞克·马瑟（Rick Mather）和展览设计公司（Metaphor）设计扩建。2009 年 11 月，该博物馆旧馆历时三年的扩建工程完工，焕然一新的博物馆展出面积比原来扩大一倍，并荣获各项殊荣。英国女王伊丽莎白于 2009 年 12 月亲自前来为该博物馆的新馆开幕式剪彩。

三、阿什莫林博物馆的藏品

公众捐赠是大学博物馆藏品的一个重要来源，1675 年英国贵族阿什莫林将其收藏的货币、徽章、武器、服饰、美术品、考古出土文物、民族民俗文物和动植矿物标本全部捐献给牛津大学，开创了将私人收藏公之于世、建立近代博物馆的先河。阿什莫林博物馆依然依赖于捐助者的支持。阿什莫林博物馆的藏品分为五个部分：西方艺术、东方艺术、钱币、古物和铸件。

（一）西方艺术部

西方艺术部收藏了从文艺复兴时期到现在的欧洲美术和装饰艺术的杰出收藏品，包括古典大师和后来者的绘画、素描、水彩画和版画，以及陶瓷、雕塑、银器、手表、戒指和乐器等。阿什莫林博物馆的西方印刷室提供从 15 世纪至今的众多艺术家的绘画、水彩画和版画，包括米开朗琪罗、鲁本斯、拉斯金和德加等。

（二）东方艺术部

东方艺术部收藏了来自中东国家、中国、日本、韩国、东南亚国家、印度等雕塑、纺织品、陶瓷和绘画。阿什莫林博物馆的东方艺术部于 1963 年首次开设了画廊，其广泛的亚洲艺术收藏品在伦敦以外的英国最具代表性，藏品范围从古代到现代，包括绘画、版画、雕塑、陶瓷、金属制品、纺织品和其他装饰艺术，还有一个历史摄影材料和其他文件的档案室。

这里收藏了许多中国的藏品，关于中国文化的展厅有三个："公元 800 年前的中国""公元 800 年后的中国"以及一个陈列中国绘画的独立展厅。

"公元 800 年前的中国"展厅由两部分组成：一是古代礼器中的瓷器、石器和玉器；二是中国书法的陈列。"公元 800 年后的中国"展厅包括四个部分："商业和生产""收藏和鉴赏""宗教和哲学"以及"学者和艺术"。按主题来划分的方式充分利用了展厅的展线，展示藏品。绘画展厅在博物馆重建之前就已经存在了，是特别为中国绘画藏品所创建的。该展厅为跃层结构，展柜是为中国绘画中的长卷特别制作的。该展览的主题为"中国艺术中的传说和故事"，所有展品的内容都取材于文学作品或戏剧作品。

值得一提的是阿什莫林博物馆的中国瓷器馆，馆藏的中国北宋建窑、南宋钧窑的藏品，尤为珍贵，还包括青瓷、元青花、永宣青白瓷，最引人注目的是北宋汝窑天青釉洗。

（三）钱币部

阿什莫林博物馆的赫伯登钱币室是硬币展示空间，该馆的藏品可以追溯到 17 世纪，收藏许多东西方的货币，如希腊、罗马、凯尔特、拜占庭和中国的珍贵硬币。除此之外，它还收藏了纸币、代币和纪念艺术奖章，钱币室于 1922 年才开放。

（四）古物部

阿什莫林博物馆古物部拥有知名的考古收藏品，包括博物馆的创始收藏和历史档案。

（五）铸件部

阿什莫林的铸件部是英国最古老、规模最大、保存最完好的希腊和罗马雕塑模型收藏之一，包含约 900 件石膏模型、浮雕和建筑雕塑。铸件是精确的石膏复制品，再现了 3D 物体和人物的精确比例、效果和风格。收藏始于 17 世纪，旨在为艺术学院的学生学习绘画提供模型。

阿什莫林博物馆的创始人阿什莫林（Elias Ashmole）非常关注博物馆的环境条件，建馆伊始他就在博物馆建筑中安装烟囱形式的通风井，这在当时是非常超前的行为。在保护和保存阿什莫林博物馆藏品中发挥了重要作用。几个世纪以来，阿什莫林博物馆对部分收藏品进行了各种形式的修复。1905 年，阿什莫林博物馆建立了第一个文物保护实验室。1999 年，阿什莫林博物馆成立了专门的保护部门，为整个博物馆提供服务。

四、阿什莫林博物馆的运营与管理模式

（一）目标观众

阿什莫林博物馆不仅是一座大学博物馆，同时也是一座向公众开放的博物馆。作为大学博物馆，阿什莫林博物馆最重要的一项职能是研究，学者和研究人员是阿什莫林博物馆最重要的目标观众。学校利用展厅来辅助教学，展览活动的安排包含许多和课程大纲相适应的内容。博物馆网站上的尤瑟夫·亚米尔伊斯兰和亚洲艺术研究中心（The Yousef Jameel Centre for Islamic and Asian Art）就是为这类观众设立的，该网站具有清晰、多角度的展品图像，配以详细的信息和参考文献。另外，博物馆还配有研究室专为研究者观察和研究藏品之用。

（二）管理理念

管理理念是管理模式的前提，阿什莫林作为博物馆的创始人，其管理思想对博物馆运营管理产生了一定的影响。阿什莫林的管理理念体现在四个方面：

第一，他认为博物馆管理的关键在于"人"。员工需要在日常的工作中直接接触观众，员工的工作态度、行为举止及精神面貌代表着博物馆的形象。非常有趣的是，阿什莫林高度重视员工的任命权，而对管理层的任命并没有提出明确的标准。

第二，建立巡视制度。这一要求是阿什莫林 1682 年向牛津大学提出的。他认为，现任的副校长、基督学院训导主任和布雷齐诺学院的院长应当每三年视察该馆一次，并在建议中明确了具体的巡查时间。

第三，藏品管理。阿什莫林认为藏品应当实行登记分类和编号制度，并提出了关于藏品收录的细节要点，如记录藏品需要图文并茂，即藏品的记录不仅要有文字性的说明，还要有相对应的图画，以便准确识别该藏品，将捐赠者与馆藏实物联系起来。在缺少电子信息系统记录的时代，强调图画在记录中的重要性是不言而喻的。对于一些特殊的贵重藏品，阿什莫林还提出了类似于我们今天所说的责任制，也就是将特殊藏品按数量划分给个人，由个人对这些藏品负责。

第四，博物馆的开放时间。阿什莫林认为博物馆开放时间应当实行灵活的制度，对现在影响最深的一点就是开放时间随季节变化。在开放期间，出于对展品安全性以及参展观众体验性的双重考虑，阿什莫林最早提出了"限流"的观点，即在一个团体进入博物馆观展后，其他团体只能在门外等候。今天，阿什莫林博物馆仍然沿用这种管理思想，采取预约制进入，并设置了专门的游客

体验部门来提升参展观众的体验感。

阿什莫林对博物馆运营的四大理念沿用至今，仍然十分有效。

（三）管理模式

阿什莫林博物馆是非营利性的博物馆，具有公共性特征。政府、慈善机构以及基金会的支持是博物馆资金来源的重要组成部分。阿什莫林博物馆的藏品来源主要是社会各界的捐赠，收入主要来自捐赠、特殊展览门票、文创、会员订阅等。

除了面向公众的免费展览之外，阿什莫林每年会策划一系列的付费主题展览活动，以吸引目标观众。这些付费展览一般持续3—4个月。阿什莫林博物馆每年会接受来自社会各界的捐赠，在其官方网站上，也附有相应的捐赠链接。阿什莫林博物馆通过"会员制度"获得捐助，会员资格可以免费参观展览、参加在线活动、仅限会员的预览和策展人主导的活动、会员杂志订阅，以及商店、餐厅和咖啡馆的折扣等。普通会员可以获得参加博物馆日常活动的机会、博物馆商店的打折以及免费获赠一些简讯和普及性的小册子。而级别较高的会员则会获得免费听讲座、提前参观有解说的特别展览等多种机会。这些给予捐赠者们的权益不仅给他们愉悦，而且会培养捐赠者的"归属感"与"圈内人"的感觉，这些举措使得慈善性的捐赠持久化。除展览之外，阿什莫林博物馆也将活动场地出租作为重要的收入来源，为婚庆活动、企业活动以及私人聚会提供场所。

阿什莫林博物馆的组织架构包括策展部门、保护部门、运营部门以及学习研究部门。博物馆鼓励公众参与到博物馆的共同开发与保护之中。此外，阿什莫林博物馆将服务融入社区之中，通过相互帮助和支持，在发展过程中可以适应社会规范，对社区有参与感和认同感，由此形成了包括意识、公德、教育、文艺活动、生活方式等精神要素在内的社区文化。

阿什莫林博物馆的使命之一是为社区民众提供教育服务，开展符合市民需求的交流活动，提升市民的互动积极性，以此体现博物馆的文化价值。其愿景和使命包括扩大本地、国家和国际受众，专注于吸引不同的本地社区并欢迎他们与牛津大学建立联系。阿什莫林博物馆希望能为每个人提供充分而平等的阿什莫林空间、收藏品和体验机会。从展览策划到衍生活动，阿什莫林博物馆非常注重观众的参与感与体验感。

阿什莫林博物馆联合科学史博物馆、牛津大学自然历史和皮特河博物馆共同举办了一项科学教育项目——"好奇的策展人"，充分发挥了"博物馆群"的效应。四家博物馆互相分享教育资源并共同开发科学教育活动，购入的教学资源也可在学生教育活动中重复使用，或投入其他社会教育活动中。阿什莫林博物馆的独特教育项目"Take One"（第一次试录），专注于多视角观察某一特定展品，从而实现跨学科的教学，该教育项目也体现了科学与艺术的紧密联系。以"寻找小昆虫"教育项目为例，通过描绘故事《很饿的毛毛虫》，让学生寻找博物馆的画上的各种昆虫，鼓励他们尝试使用野兽派创始人马蒂斯昆虫或其他画家绘画技巧来创建，通过毛毛虫拼贴进一步了解关于昆虫的科学知识。通过艺术手段弥补科学教育，提高人们对科学教育的接受程度和理解程度。

这些教育活动在西方博物馆是非常常见的，法国或意大利的博物馆（如卢浮宫）随处可见老师在给学生授课的情景。博物馆与社区的合作教育活动不仅可以吸引更多不常参观博物馆的学生群体，也能让博物馆走进公众视野，展现博物馆的亲和力，从而鼓励更多学生走进博物馆，甚至成为博物馆的常客，以此建立并加强观众与博物馆之间的联系，同时发挥社区的文化服务作用。

阿什莫林博物馆实现了"博物馆+社区+教育"的结合，其社区教育活动模式非常值得我们中国的博物馆学习和借鉴。

随着信息技术的发展，阿什莫林博物馆也逐步开启了智慧化之路。博物馆采用的是线上预约制，为了给观展者更好的体验，其特殊的主题展览需提前两周预约。展馆内的多媒体信息技术与线上的数字博物馆相结合，实现了藏品在线展示，拓宽了实体博物馆的展览边界。在内部管理中，该博物馆也实现了管理信息系统的应用。

目前，由于博物馆自身变革加上新冠疫情的影响，阿什莫林博物馆也面临着新的管理问题。除了政府及其他机构的资助资金外，博物馆需要依赖自身的场馆经营来获得收入，这对于非营利性机构来说是一个非常大的挑战。

第二节 剑桥大学菲茨威廉博物馆

菲茨威廉博物馆位于剑桥市的中部——特兰平顿街（Trumpington Street），是剑桥大学的艺术和考古博物馆。博物馆得名于它的建立者，菲茨威廉子爵七世——理查德·菲茨威廉。同西方其他综合性博物馆一样，菲茨威廉博物馆不仅展出艺术品，还举行大型或小型演讲、小型午餐讲座、小型音乐会、艺术知识培训班等活动，参观者与博物馆的关系不仅是简单的主动与被动、参观与被参观的关系，而是生机勃勃的互动关系，博物馆的教育作用由此倍增，成为社会公众提高修养、开阔视野的好去处。1968 年，博物馆和画廊常务委员会将菲茨威廉博物馆称为"国家最伟大的艺术收藏品和具有首要意义的重要纪念碑之一"。该博物馆被认为是世界上杰出的大学艺术收藏品博物馆，现在有超过 55

万件物品，并经营着一家绘画保护研究所，即汉密尔顿·克尔研究所。

一、菲茨威廉博物馆建造历史和藏品收集

剑桥大学菲茨威廉博物馆是以建立者菲茨威廉子爵七世——理查德·菲茨威廉命名的。理查德·菲茨威廉于 1761 年进入剑桥大学的三一学院学习。他的外祖父马修·戴克尔，是一位英籍荷兰商人，理查德从他那里继承了一大批 17 世纪荷兰绘画，以及大量古代大师的版画。理查德本人则对音乐有着浓厚的兴趣，为此他游历了西班牙、意大利和法国，搜集了大量手抄的和早期印刷的乐谱，最终，从一位爱丁堡书商那里获得了他最重要的收藏品——菲茨威廉维吉诺古钢琴谱。

然而，这些藏品尚不足以构成一座博物馆收藏的基础。1798—1799 年，伦敦出售奥林斯收藏的绘画作品时，收藏家理查德购买了其中的几件杰作，包括文艺复兴时期威尼斯画派大师提香的《维纳斯、丘比特和鲁特琴师》和委罗内塞的《赫尔墨斯、赫尔塞和阿格劳罗斯》。为了收藏更广泛的图书和手抄本、绘画和版画，理查德出资 10 万英镑建立了菲茨威廉博物馆，并在他去世后将博物馆捐赠给了自己的母校剑桥大学。在菲茨威廉将他的藏品遗赠给剑桥大学后，剑桥大学迅速行动起来，将藏品存放起来，并向其成员和公众开放。

19 世纪博物馆的藏品因各类捐赠而日益增加。1823 年，学者兼探险家贝尔佐尼捐赠了埃及法老拉美西斯三世（公元前 1184—1153 年）的大理石棺的盖子。约翰·迪斯尼在 1850 年捐赠的罗马雕塑和 1864 年博物馆购买的利克收藏的古希腊陶瓶、钱币和珠宝，见证了 19 世纪中叶西方学术界对古文明研究的重视。这种重视后来在西德尼·科尔文身上得到了进一步证实，他是剑桥大学的"斯雷德教授"，并在 1876 年成为博物馆的第一任馆长。在他的任期内，共募集到 200 万英镑来充实博物馆的收藏，在他 1883 年退休时，藏品已经大大扩展了，于是又修建了一座单独的考古学博物馆，如今坐落于剑桥大学的新博物馆区。

到 19 世纪末，面对日益增加的藏品，博物馆的展示和收藏空间已经成为一大难题。直至 1908 年，西德尼·科克雷尔担任馆长时才开始解决这个问题，他在 1912 年收到了来自查尔斯·布林斯利·马莱的慷慨捐赠，其中包括提香的《塔克文和卢克雷蒂亚》，这件作品堪称博物馆的镇馆之宝之一。1915 年，科克雷尔决定在原来建筑的一侧再建造一座庭院，被称为马莱画廊的一翼，于 1924 年开放，科克雷尔在设计方面的才华得以充分施展，他把绘画等纯艺术品与家具、地毯等装饰艺术品组合在一起展出，布置成一种家庭室式的环境，这种展示风格一直到今天仍然保持着。

1966 年和 1975 年，菲茨威廉博物馆进行了两次扩建，由建筑师大卫·罗伯特设计。博物馆的最近一次扩建是在 2004 年，又增加了将近 3000 平方米的展厅。今天，菲茨威廉博物馆的藏品可谓数量可观，体系完整。从古代两河流域、古埃及、古希腊、古罗马，到中世纪、文艺复兴和 17、18 世纪的欧洲艺术，以及西方现当代艺术，应有尽有。更为可贵的是，博物馆中还有一个单独的中国艺术品陈列室，展示春秋战国时期的青铜器，也有元明清以来的瓷器。

二、菲茨威廉博物馆的藏品体系

世界上几乎没有一个博物馆能够像菲茨威廉博物馆一样在一个单一的地点收集了如此多品种又有深度的藏品。从 1989—1990 年美国国家美术馆编写的菲茨威廉"珍宝展览目录"中可以看出，当时的华盛顿特区国家美术馆馆长盛赞："像大英博物馆一样，菲茨威廉博物馆从视觉的角度来表达它的文化历史，但从收藏家、鉴赏家的高度选择性的角度来说，艺术作品不仅被收录在历史资料中，同时表现它们的美观、品质和罕见度。菲茨威廉博物馆是欧洲最好的博物馆之一，这是被广泛认可的。"菲茨威廉博物馆是剑桥大学的荣耀，从更广阔的意义上说，它的成长史也是一部英国近代文化史。

菲茨威廉博物馆的藏品来源主要靠私人捐赠，部分为基金会出资购买，这已经成为成熟的博物馆收藏模式。菲茨威廉博物馆有四个部门：古物部、应用艺术部、手稿和印刷图书部以及绘画和版画部。藏品有来自埃及、希腊和罗马的古代文物，以及西亚、塞浦路斯等地的艺术品；来自英国和欧洲的陶器、玻璃、家具、钟表、风扇、盔甲，中日韩等国制作的艺术品以及文学、音乐手稿与罕见的印刷书籍。

（一）古物部

古物部主要是古代藏品。菲茨威廉博物馆的古代藏品包括希腊、罗马、塞浦路斯、埃及、苏丹北部等。过去 200 年中，以受赠和购买的方式获得了这些藏品，从陶罐、雕塑、纺织品、雕像到珠宝或铭文，生动地展示了过去的世界。同时，这些藏品形成了一个个案例，研究收集、如何、由谁以及出于何种目的形成这样的收藏，以及我们对它们的理解在几个世纪中是如何演变的。

其中，埃及藏品是很重要的一部分。1823 年，也就是在博物馆建立七年后，贝尔佐尼向博物馆赠送了位于 20 号画廊的 7 吨高的石棺盖，被视为博物馆埃及学部分的发起人之一。在这一时期，最大的纪念碑进入菲茨威廉博物馆。这些物品主要由大学校友提供，不仅展示了他们在埃及旅行时购买的物品，也包括 1822 年三一学院的巴纳德·汉伯里和乔治·瓦丁顿赠送的内斯帕沃舍菲特的棺材，以及汉伯里在 1835 年赠送的抄写员胡内弗的花岗岩石棺。格雷维尔·切斯特牧师在 1890 年和 1891 年捐赠了一些埃及物品，进一步扩大了收藏范围，到 1893 年，埃及藏品总数约 577 件。

（二）应用艺术部

应用艺术部门收藏了来自欧洲、中东、印度和东南亚的约 30000 件装饰艺术品和雕塑作品。这些物品大多用于人们的日常活动和宗教仪式，并表现了当时的社会习俗、信仰和艺术品位，同时说明了织造、盆栽和金属加工等制造技术的发展，以及不同文化之间思想和技能交流所带来的变化。主要藏品为陶器、瓷器和玻璃、纺织品、扇子、家具和漆器；钟表和金属制品，包括银和皮尤特；珠宝和鼻烟盒、盔甲和武器，以及雕塑等许多不同的材料。

菲茨威廉博物馆拥有独特、多样化以及高质量的亚洲艺术收藏，中国藏品包括精美的玉雕（大部分是奥斯卡·拉斐尔 1946 年的遗赠）、古代青铜器、近 500 个各种材料制成的鼻烟壶、供国内使用和出口欧洲市场的扇、御用漆器和玻璃制品、纺织品以及大批皇室御用瓷器和出口瓷器。在韩国艺术收藏方面，博物馆在 20 世纪 80 年代获得一批捐赠而成为除韩国以外的高丽青瓷最大藏家。在日本收藏方面，博物馆收藏了各种各样的日本艺术品，包括 500 个坠子（剑的配件）、武士刀、漆器和陶瓷等。

博物馆收藏的瓷器主要来自中国、法国、意大利、德国和英国，用于教会和家庭使用或展示的物品，以及用于个人装饰的物品，展示了当时的制造技术，其年代从 12 世纪到 20 世纪不等。

（三）手稿和印刷图书部

手稿和印刷图书部收藏了世界一流的藏品，该部门的核心是创始人图书馆，于 1848 年向公众开放。维斯库特·菲茨威廉（1745—1816 年）遗赠的 1 万多本印刷书籍、130 份手稿、乐谱构成了该部门最早的藏品。后来的捐赠者如弗兰克·麦克莱恩（1837—1904 年）和查尔斯·布林斯利·马莱（1831—1912 年），以及悉尼·科克雷尔（1908—1937）极大地丰富了藏品，使该部门现在收藏书籍的范围从早期印刷书籍到现代文学签名，从小说家和诗人的档案到画家和作曲家的作品，从汉德尔和埃尔加的亲笔签名乐谱到早期印刷乐谱，从 9 世纪的拜占庭福音书到波斯诗歌，以及现存一些较好的中世纪和文艺复兴时期的手稿。这些藏品是该部门保护者、策展人和研究伙伴重点保护和研究的项目。

（四）绘画和版画部

绘画和版画部收藏了从 13 世纪至今欧洲、亚洲以及美国学校的艺术家们具有特殊重要性的藏品。这些藏品源于 1816 年理查德留给剑桥大学菲茨威廉博物馆的近 150 幅绘画和遗赠。从那时起，它通过礼物、遗赠和购买而发展壮大，收藏了约 160000 幅绘画和版画。

目前菲茨威廉博物馆收藏了超过 18000 幅绘画和版画作品，包括 15 世纪至 21 世纪欧洲的作品，以及亚洲的日本、中国及印度的绘画精品。意大利、法国、荷兰等国家的艺术家都有代表作，收藏品包括莱昂纳多、米开朗琪罗、提香、鲁本斯、伦勃朗、瓦托、英格雷斯、德加斯和毕加索的精湛画作。

三、菲茨威廉博物馆的运营理念与模式

菲茨威廉博物馆建立伊始就决定向社会免费开放。从制度上保证了社会各阶层的民众，都能享受同一水平的文化发展的成果。菲茨威廉博物馆的愿景是"博物馆和活动项目永远是包容、周到、独特、欢迎、严格、具有挑战性、意想不到以及振奋人心"，同时把"通过与尽可能广泛的公众进行有力、周到和愉快的接触，使人们的生活围绕我们的收藏品，制作和推广高质量的创新与相关和跨学科研究"视为宗旨。为此，在经营过程中，菲茨威廉博物馆设置了以下优先事项：

（1）开发人人获得文化的方法。

（2）确保我们研究中的声音和方法的多样性。

（3）接受全球艺术和物质文化史。

（4）创建身临其境和互动的展览与展示。

（5）提供独特的、行业领先的数字博物馆体验。

（6）全力支持剑桥大学博物馆。

（7）建立、维护和改善对收藏品的护理。

（8）开发一座非凡的"建筑"，将这些目标凝聚在一起并实现目标。

菲茨威廉博物馆运营管理分成四大类：（1）临时展览的策划与组织；（2）公益性活动的策划与组织；（3）利用藏品的宣教类活动；（4）利用藏品的研究类活动。

2019—2020 年菲茨威廉博物馆组织了 8 场展览和 8 场活动，面向公众开放1450 小时。截止到 2020 年 3 月 15 日，吸引了 262006 人次访问；接待了 8218名学生，6722 个家庭及团体访问；举办了 115 次公共活动；与菲茨威廉之友、马莱集团和当地的商业合作伙伴举办了 16 场活动；通过赠与、遗赠、购买和接受票据代替遗产税，进行了重大收购；筹集了 360 万英镑的慈善捐款、外部资助、赞助和会员计划，获得了 17.6 万英镑的博物馆和画廊展览的税收减免。

2019—2020 年间菲茨威廉博物馆工作人员出版合著书 1 本，发表 28 篇文章、15 篇评论以及博客和其他出版物；教授了 65 门研究生课程共 962 名学生，本科课程 47 次大约 832 名学生；有 88 人与博物馆内外的特殊关系小组交谈；邀请 212 名研究人员研究藏品、博物馆建筑等；接待 1 名研究生实习生，7 名实习生，87 名志愿者，2 名访问学生和 1 个工作单位，101 家图书馆访客，处理 184 个图书馆查询，登记 822 册图书，分类 1392 册。

第三节　上海大学博物馆

近年来随着中国建设世界一流大学的步伐稳步迈进，高校博物馆作为高校教育与文化的集中体现，高校博物馆建设在国内蓬勃兴起。截至 2020 年底，据不完全统计，上海市的 40 所各类高等院校，其中 28 所拥有各级各类高校博物馆。这 28 所上海高校博物馆从筹建与规划的角度进行分类，可以划分为以下三种类型：高校专业学科展示、高校特色研究成果展示以及校友名人藏品捐赠展示。

第一类是高校专业学科展示类博物馆。一直以来高校博物馆的首要功能是专业学科的展示空间。专业学科展示是高校博物馆中最常见的展示方式，即每所高校结合自身学科特色，给予优势专业一个展示平台，如上海立信会计金融学院的中国会计博物馆、上海财经大学商学博物馆、上海外国语大学世界语言博物馆等都属于此类。这类高校博物馆承载着向校内师生、校友和社会公众展示、传播、弘扬本校办学特色及专业特点的功能。

第二类是高校特色研究成果展示类博物馆，如上海市师范大学的中国"慰安妇"历史博物馆。上海师范大学中国"慰安妇"问题研究中心主任苏智良，从事"慰安妇"问题研究二十多年，他将全国范围内经研究确认的"慰安所"绘制成地图放于博物馆内；华东政法大学的李昌钰法庭科学博物馆，有李昌钰先生捐赠展品共计 163 箱；上海音乐学院的东方乐器博物馆①，有代表性的乐器 400 余件/套；上海体育学院的中国武术博物馆,现有藏品 2147 件/套，珍贵文物 600 件/套，都属于此类。这类博物馆的特点是围绕高校某一类特色研究成果，通过珍贵藏品的展示，故事叙述，向公众呈现。珍贵藏品是这类博物馆的灵魂之一，特别是"镇馆之宝"，一般都是具备历史价值的物件，通过捐赠募集获得。

第三类是向综合性博物馆发展的高校博物馆，上海大学博物馆就属于此种典型。上海大学博物馆还是上海高校博物馆体系内的唯一一所国家二级博物馆。我们以上海大学博物馆建设运营为典型案例。

一、上海大学学校沿革

上海大学历史悠久，几经沧桑。1922 年 10 月 23 日成立的上海大学，是中

---

① 东方乐器博物馆创建于 1987 年 11 月 27 日，是我国艺术院校中第一个乐器博物馆。该馆坐落在上海高安路一座花园别墅内。此别墅原是我国民族实业家荣德生先生（原国家副主席荣毅仁先生之父）旧居。

国共产党创办的第一所正规大学。学校克服种种困难，艰难办学，吸引四方热血青年影从云集，为中国革命和建设汇聚、培养了一大批杰出人才，赢得了"文有上大，武有黄埔""北有'五四'时期的北大，南有'五卅'时期的上大"的美誉。孙中山、陈独秀、李大钊、毛泽东等关心学校建设，或担任校董，或举贤任能，或指导工作。于右任、瞿秋白、邓中夏、邵力子、陈望道等领导学校发展，或延聘人才，或规划学科，或执掌教务。以瞿秋白、邓中夏、蔡和森、张太雷、恽代英、任弼时、施存统、萧楚女、沈雁冰、田汉、蒋光慈等为代表的"红色教授"则积极传播马克思列宁主义，使上海大学成为革命青年向往的"东南革命最高学府"。

1983 年 5 月，上海市人民政府决定将复旦大学分校、上海外国语学院分校、华东师范大学仪表电子分校、上海科学技术大学分校、上海机械学院轻工分校、上海市美术学校等六所学校合并，复办上海大学（简称原上海大学）。1994 年 5 月，新的上海大学由上海工业大学（成立于 1960 年）、上海科学技术大学（成立于 1958 年）、原上海大学（成立于 1983 年）和上海科技高等专科学校（成立于 1959 年）合并组建。上海大学的广大师生立志继承与发扬 20 世纪 20 年代上海大学的光荣传统，为建设中国特色社会主义做出更大的贡献。著名的科学家、教育家、杰出的社会活动家、中国科学院资深院士钱伟长教授于 1983 年出任上海工业大学校长，1994 年至 2010 年担任上海大学校长，他独树一帜的教育思想和治校方略开创了学校思想解放和学术繁荣的新局面，推进了学校各项事业的新发展。

上海大学目前是上海市属、国家"211 工程"重点建设的综合性大学，是教育部与上海市人民政府共建高校，上海市首批高水平地方高校建设试点，国家一流学科建设高校。一所一流的大学，一定拥有一座一流的博物馆。2008 年 5 月 27 日，上海大学宣布成立上海大学博物馆（筹）。

二、上海大学博物馆建设背景

上海大学博物馆（海派文化博物馆）2008 年 5 月 18 日成立机构启动筹建，2012 年 10 月主体建筑奠基，2017 年竣工，2018 年底试运行开放，2019 年新馆正式开放并登记备案。上海大学博物馆是一座以展现海派文化、反映上海大学（1922—1927）校史，艺术与历史并重，集收藏、展示、教育、研究于一体的综合性博物馆。馆址位于上海大学宝山校区本部东区钱伟长图书馆内，是中国博协高等学校博物馆专委会副主任委员单位和上海市爱国主义教育基地，也是上海市大学博物馆里唯——所国家二级博物馆。

博物馆致力于传承、弘扬传统文化、海派文化、"红色文化"、江南文化，现有各类藏品 1 万余件（套），已策划多项展览，开展研究和教育工作。著名学者谢维扬、陶飞亚先后担任馆长，黄宣佩任名誉馆长，博物馆现任馆长李明斌，也是原成都博物馆馆长。

上海大学博物馆是目前国内唯一专题展示和研究海派文化的博物馆，设有多个海派文化专题陈列，出版《近代上海的海派文化》等学术研究著作。校史馆和溯园全面展示 1922 年至今上海大学的发展历程，钱伟长纪念馆展示了著名科学家、教育家、社会活动家、上海大学校长钱伟长先生的学术成就和教育思想。临时展厅不定期举办传统文化和当代艺术展览，其中"海阔·天空：海派文艺的当代遐想"获 2019 年度上海市博物馆十大陈列展览精品奖。

博物馆馆刊《博物馆·新科技》创刊于 2013 年，是国内唯一一种以博物馆新科技为主题的学术刊物。自 2017 年起，承办国际博协大学博物馆与藏品委员会（ICOM-UMAC）《大学博物馆与藏品学刊》中文版。

博物馆于 2016 年、2018 年两次举办国际博物馆新科技论坛，自 2016 年起，每年举办国际博物馆新科技论坛和中日博物馆学研修等各类学术交流活动，荣获国际博协大学博物馆与藏品委员会大奖（UMAC Award）。

上海大学博物馆旨在建成一座紧密结合学校发展、富有特色、高水平、与时俱进的现代化大学博物馆。自 2008 年筹建以来，得到了来自社会各界领导、同行、朋友的关爱和支持，通过举办展览、讲座、文化演出等活动，扩大了校园及社会上的影响力，现在博物馆已经成为校园文化生活的一部分。

上海大学博物馆现由海派文化博物馆、上海方言文化展示体验馆（展）、上海大学校史馆（展）、钱伟长纪念馆（展）、上海大学（1922—1927）校史室外展区溯园等"四馆一园"构成，占地面积 3800 平方米，总面积 8000 平方米，其中展示面积 5000 平方米，另有室外展区（溯园）1800 平方米。内设基本陈列、临时展厅、藏品库房、办公区域、观众服务区域和安全保卫区域等。

上海大学博物馆外观如图 1 所示。

图1　上海大学博物馆外观

三、 藏品体系

上海大学博物馆的馆藏精品分为海上艺术展、藏品捐赠两类。其中，海上艺术展又分为近代艺术、丰子恺专馆、杰出校友美术作品和吴昌硕专馆四大板块。藏品捐赠分为馆藏玉器和日本学者捐赠藏品。

上海大学博物馆目前有"海派文化的当代遐想""江南望族与海派旗袍""上海方言文化展示体验馆"等3个基本陈列，并有近800平方米的临时展厅，配有多功能厅等附属设施。博物馆拥有馆藏一万余件，收藏包括最早出现"海派"字样的书籍，刊登鲁迅名作《京派和海派》的《太白》杂志，中国最早的小报《游戏报》，以及20世纪20年代上海大学的毕业证书等珍贵藏品，编辑出版了《近代上海的海派文化》等学术专著。

荣氏家族向上海大学博物馆捐赠一百件荣氏家族旗袍，这批旗袍的时间跨度从20世纪三四十年代至21世纪初，囊括了多个变革的年代。旗袍的主人包括荣慕蕴、荣辑芙、荣卓如、荣智珍等荣氏家族后裔，以及华若云、姚翠棣、刘莲芳、吴盈钿等荣氏姻亲。这批旗袍也构成了上海大学博物馆的上海老旗袍珍品馆。

四、上海大学博物馆运营

线下特展+线上展示形成了上海大学博物馆的运营。其中特展是上海大学博物馆的文化名片，提升博物馆知名度的一大亮点。

（一）特展

2020年至2021年，上海大学博物馆由馆长李明斌和副馆长马琳策划了两个独具特色的展览："三星堆：人与神的世界"和"铭心妙相：龙门石窟艺术对话特展"。这两个特展不仅极大地提升了上海大学博物馆的知名度，也丰富了上海大学的校园文化，为不断壮大的大学博物馆群体的运营提供了参考与借鉴。

1. 三星堆：人与神的世界

2020 年 11 月 21 日至 2021 年 3 月 19 日由上海大学和四川省文旅厅共同指导、上海大学博物馆与四川广汉三星堆博物馆共同主办，成都金沙遗址博物馆协办的"三星堆：人与神的世界"在上海大学博物馆一层 1 号临展厅开幕。

此次"三星堆：人与神的世界"特展从巴山蜀水来到江南水乡，是首次在国内高校博物馆举办的专题展。16 件（套）展品，分为"人间神国""以玉事神""万物有灵""文明的延续——从三星堆到金沙"四个单元，较完整地展示了三星堆文明的青铜文化、玉文化、自然崇拜以及与古蜀文明又一发展高峰——金沙遗址的内在联系。

上海大学博物馆关注运用数字手段不断拓展博物馆展示的课题。自 2013 年起，博物馆馆刊《博物馆·新科技》以季刊的形式聚焦博物馆的发展与新科技的应用，重视与观众的交流。当今博物馆与观众的关系不再是单向的教育关系，博物馆在与观众的互动过程中收集信息，这是提升博物馆服务质量重要途径之一。

其中，"第一单元 人间神国"介绍了三星堆文明独特的宗教信仰，其与中原地区最大的区别就在于直接铸造神灵的偶像进行供奉和祭祀。展览以三星堆宗教信仰中的眼睛崇拜和手崇拜为切入点，将三星堆文明的地域特色和艺术色彩表现得淋漓尽致。

"第二单元 以玉事神"介绍了三星堆文明的玉文化。玉文化是中华民族传统文化的重要组成部分，本次展出的三星堆玉石器工艺精湛、制作精美，与三星堆青铜器共同代表着三星堆文明制器工艺的最高水平。

"第三单元 万物有灵"介绍了三星堆文明对自然的崇拜。古蜀地区的人认为，世间万物，山川、土石及动植物等都像人类一样具有灵性，它们赋予自然万物思想、智慧和情感，也通过自然万物与神灵对话。本次展览展出的仿生性器物，真实再现了"万物有灵"的自然崇拜。

"第四单元 文明的延续——从三星堆到金沙"对比了三星堆与金沙的异同，此外，该单元重点展示了出土于金沙遗址的太阳神鸟金饰。该金饰整体为圆形薄片，图案分内外两层，内层等距分布有十二条旋转的齿状光芒；外层由四只相同的逆时针飞行的鸟组成。2005 年 8 月 16 日，太阳神鸟金饰图案从 1600 余件候选图案中脱颖而出，成为中国文化遗产标志，同时也是成都城市标志的核心图案。2013 年，国家文物局又将商周太阳神鸟金饰列入《第三批禁止出国（境）展览文物目录》。从三星堆到金沙，是中国古代文明连续发展模式的生动写照。

此次展览旨在更好地展示、宣传、研究三星堆古蜀文明，彰显三星堆文物的艺术价值。希望通过此展，展现辉煌灿烂的古蜀文明，为中华优秀传统文化的传承发展做出应有的贡献。展览经典荟萃，小巧而精致，展品包括三星堆遗址、金沙遗址出土的青铜器、玉器、金器及石器 16 件（套），其中三星堆博物馆馆藏的青铜戴冠纵目面具、戴金面罩青铜人头像以及金沙遗址博物馆馆藏的太阳神鸟金饰皆是难得一见的珍宝。

这次特展不仅是上海大学与四川省文博单位在展览方面的首度合作，也是国内高校博物馆举办的首个三星堆专题展。作为一座以上海城市命名的综合性大学的博物馆，上海大学博物馆积极响应"在世界大学行列中书写鲜明印记，在践行上海城市品格中彰显上大特质"的总体要求，充分发挥博物馆的收藏、展示、教育功能，为弘扬中华优秀传统文化、增强文化自信做出积极的贡献。

2. 铭心妙相：龙门石窟艺术对话特展

2021 年 9 月 18 日—2022 年 1 月 8 日由上海大学和河南省文物局主办、上海大学博物馆和龙门石窟研究院承办的"铭心妙相：龙门石窟艺术对话特展"是主办双方在文博领域战略合作框架下的首个工作成果，也是龙门石窟文物首次在上海展出。

此次展览充分运用"古代文物+当代艺术"的展示思路，特展由 27 件龙门石窟研究院藏品和 9 位艺术家何成瑶、黄渊青、韩了健、罗小戍、任天进、宋钢、翁纪军、尹朝阳、张健君的 16 件当代艺术作品组成，展览国宝级文物是首次在上海集中亮相，反映出了上海大学对于文博资源的强大配置能力。

"打破博物馆文物展览'千馆一面'，我们想做一些探索和创新"。策展团队成员之一，上海大学博物馆副馆长马琳介绍，上海大学文博专硕实习学生及美术、艺术管理、传播等跨专业跨学科学生参与策展全过程，对于理解"新文科"教育有着深刻意义。

展览通过对话的方式架起了传统与当代的桥梁，传统艺术被充满创意的策展理念重新诠释，为观众带来一场别开生面的在传统与当代之间穿行的艺术盛宴。涵盖无价国宝与当代艺术的古今同室同展，策展理念先行，灯光等"技术性问题"随之而来。最终，策展团队决定，既然是对话特展，便不应异室而列，就是要有所"碰撞"，在调试合适灯光照明的同时，文物展示以蓝色为背景，当代艺术作品则以白色为底色，交错陈列。整个展览分为"清秀奇逸——北魏造像与书法""大唐风范——唐代龙门造像与佛教""盛世重归——龙门流失文物的追索与保护"三个单元。

第一单元"清秀奇逸——北魏造像与书法"主要展示了在孝文帝汉化改革的影响下，北魏造像与书法作品体现出了鲜明的南朝风格，佛像风清古峻，反映了士族对玄学审美的崇尚。这一单元展示了石窟平面线图、菩萨头像、三个造像龛 3D 打印模型、四件碑拓和奉先寺卖地券、文彦博题龙门奉先寺碑，以及 4 位艺术家的作品。由现代艺术家尹朝阳创作的布面油画《龙门气象》和《伊阙》，东西方结合中呈现出雄浑深厚的传统底蕴。任天进重达 2 吨的《太湖石·东风》更是气势磅礴，还有极有特点的《龙门四品》，精美的丝路浮想和佛教造像都别有一番意蕴。

第二单元"大唐风范——唐代龙门造像与佛教"中关于唐代龙门造像与佛教的细节也与创新息息相关。集中展示了唐代的佛造像艺术，同时介绍了经幢在唐代有着特殊的意义，以及佛手印的不同形式与含义。这一部分展出了三件当代艺术作品，一个是艺术家张健君于 1979 年在龙门石窟进行的创作写生，另外两件是艺术家翁纪军以中国传统大漆为媒介的作品《记忆》和《蠹》。

第三单元"盛世重归——龙门流失文物的追索与保护"特别展出了海外回归的龙门流失文物。从文物保护的角度出发，关注当代对于龙门石窟的修复与研究。这一部分就展示了观世音像龛 3D 打印，与上色后的观世音像龛虚拟修复效果，让观者了解文物原貌的一种可能性。这一部分还加入了新华社出品的真人版《帝后礼佛图》，这也是从艺术创作的角度阐述流散海外的龙门石窟珍品。这一部分展示了何成瑶、韩子健和宋钢的作品，从观念的角度探讨空间与时间的关系，并在展览的语境中赋予了人们如何对待过去和如何看待当下的新的含义。石窟寺文物宝藏能延续千年，离不开世世代代的传承与守护，展现一代爱国志士的追索和努力。

（二）宣教活动

上海大学博物馆的宣教活动是一大特色与亮点。上海大学把"创新中国"课堂搬进博物馆。"创新中国"是上海大学 2015 年冬季学期开设的"大国方略"系列课程之二，同名在线课程已有 700 多所高校的 35 万学生修读，曾获2017 年国家级精品在线开放课程，2020 年被认定为国家一流线上课程。"创新中国"第 18 季，依旧让选课的学生看到"大学的样子"，让学生有思维方式的更新。

上海大学"创新中国"课程把教室搬进上海大学博物馆，副馆长马琳认为，基于大学的教育功能，承载着历史底蕴艺术之美的艺术殿堂，可以成为更多学子的"站着的课堂"。

曾有不少学生参观之前曾疑惑，文物展出跟创新有什么关系呢？看到古朴雅致的龙门石雕和奇异张扬的现代艺术作品陈列在一起，听老师讲述挑选每一件展品的用意后，才能体悟创新正是艺术传承的关键。此次博物馆行走课堂，旨在引导学生在参观文物的同时，了解中国古代政治、经济、宗教以及中西交融中的艺术变迁，在实践教学中进行多样化的探索，有效提升学生们的文化自觉与文化自信，感悟在传统与现代的对话中，多种艺术作品对人生、对时间、对空间等的创新表达，从而在交相辉映中感受对"创新中国"的全新诠释，对龙门石窟这一承载千年历史风云和百年社会沧桑的世界文化遗产的致敬。

高校博物馆作为学校的"第二课堂"，使用范围较广。上海大学材料学院的教授带着学生来特展上"现场课"，通过 3D 打印的方式完整清晰复制龙门"特殊洞窟"的技术，让学生们激动不已，他们已经开始讨论，能不能下次把他们的材料学科与文物修复及保护结合起来。

创新无处不在，回顾承载千年历史的文物宝藏，当代艺术作品通过融合与创新展现出了时代特色与历史底蕴。在传统与现代对话中，在中国与西方文化的交流中，也是在思政与艺术融合下，通过实践参观，学生们对"创新中国"的特殊一课有了反馈：固守着坚持传统文化、以我为主，是一种创新，当代艺术家在造型基础上用现代技法获得灵感可谓再创新，作品可以是传统的，但思想必须运动；石窟作品之所以能够达成中西通连、古今对话，是因为现代作品融合了传统底蕴并进行新的思考和情感的抒发。时间向前，人的情感和观念随之变化，于是艺术品就有了永恒的生命，是为"不朽"；VR、3D 打印，科技感与历史感共同演绎在文物保护上，不失为一种创新；文物保护方式不断创新，与时俱进才能更好地吸引游客，保护文物。

小结

高校博物馆在适应社会发展的过程中，形成了多职能的文化复合体。高校博物馆与社会博物馆一样，是文物和标本的主要收藏机构、宣传教育机构和科学研究机构，是我国社会主义科学文化事业的重要组成部分。高校博物馆的影响范围已不局限于校内，当今高校博物馆的活动已经渗透到社会教育、科学、文化、旅游、环境保护等各项事业中。高校博物馆不仅被视为学校的第二课堂，也正逐渐成为公众的终身学校、学校的对外文化窗口、当地旅游的热点，是人们扩大知识领域、满足审美享受、培养生活情趣、陶冶身心健康的重要场所，它的作用越来越显得重要。

高校博物馆是打造文化育人的理想场所。高校博物馆在高校内部首先是一个展示教育空间。高校博物馆无论是展示主题还是藏品体系都具有较高的科学、历史与文化价值，是对全校学生开展通识教育的重要场所。高校博物馆可以实现跨院系合作，与相关专业教师共同设计对应的通识教育课程，通过博物馆独有的直观性特征和现场互动体验，加深学生对通识教育的理解。

高校博物馆应成为大学生思政教育的重要特色阵地。每所高校的博物馆都蕴涵着本校某一学科的发展历程与时代价值，是开展大学生思政教育的鲜活素材，可以通过新生入学教育和专题展览等方式，让思政教育与博物馆课程融为一体。此外，高校博物馆应积极吸纳师生参与整个教育过程，高校博物馆的讲解、接待、新媒体运营、藏品整理、课程教学等各个环节，都应吸纳在校师生作为志愿者，形成相对稳定的高校博物馆志愿者团队，一方面解决人手不足的问题，另一方面也增加师生在高校博物馆运营中的融入感。

高校博物馆是高校特色文化的展示名片。高校博物馆相较于社会博物馆而言，"优势在于其植根于大学文化的深厚沃土，是大学深厚学术和文化积淀的重要标志，也是凝聚大学精神的智慧摇篮"。高校博物馆既是高校文化建设的生力军，也是高校的名片与对外展示的窗口，具有较强的专业性。高校博物馆的馆藏资源中很多都是某一学科发展的历史见证，蕴含着丰富的治学精神和探索精神，背后都有人的影子，反映了学校鲜明的办学传统，是学校校园文化最重要、最直观的展示平台。作为校园人文环境的重要组成和校园文化建设的重要阵地，高校博物馆是传承学校文化基因、弘扬学校文化传统、凸显学校精神品格、展示学校特色和办学水平、营造学校科学与人文氛围的重要平台。

案例五

美国纽约公共图书馆的运营

第一节　纽约公共图书馆的历史契机

19 世纪下半叶，随着美国经济社会持续稳定的发展，城市化进程不断加快，纽约迅速超过巴黎和伦敦，成为世界上人口最多的城市之一，广大市民对城市文化建设的需求逐步提升。在这一过程中，城市图书馆作为城市发展的文明象征，通过多样性的文化服务，帮助当地市民掌握各种信息知识，理解不同文化，开阔视野，更新思维方式，为城市文化力的提升和发展带来活力，在城市文化建设中发挥着越来越重要的作用。

当时，在纽约市民中普遍存在一种共识，纽约若要成为世界上最伟大的城市文化中心之一，必须打造一座世界一流的城市图书馆。因此，当地一些知识分子身先士卒，自发参与到城市图书馆的投资建设中。其中最著名的是州长塞缪尔·蒂尔登（Samuel Tilden），他在去世后遗赠了约 240 万美元用于"建立和维护一个公共图书馆"。在蒂尔登去世时，纽约已经拥有了两座对外开放的图书馆，分别是由阿斯特（Astor）遗赠 40 万美元建造的阿斯特图书馆，以及由藏书家莱努克斯（Lenox）建造的莱努克斯图书馆。

然而这两个民营图书馆的试点并不成功。到了 1892 年，阿斯特图书馆和莱努克斯图书馆都遇到了财务困难，不断减少的捐赠基金和不断扩大的收藏压力迫使二者的受托人寻求突破。此时，纽约律师兼蒂尔登受托人约翰·毕格罗（John Bigelow）提出一项大胆的计划，建议将阿斯特图书馆和莱努克斯图书馆的藏品资源与蒂尔登信托基金合并，成立蒂尔登、阿斯特、莱努克斯基金会，共同打造纽约公共图书馆（The New York Public Library，简称 NYPL）。最终，该计划于 1895 年 5 月 23 日签署通过，在当时被誉为私人慈善事业的典范。

　　新生的纽约公共图书馆随即得到大量的政府支持和私人赞助，并在地方政府和民间慈善机构的共同努力下，逐步转型成为典型的美国式公私合营图书馆。1901 年 2 月，纽约公共图书馆与纽约自由流通图书馆合并，成立了流通部门。一个月后，钢铁大亨安德鲁·卡内基（Andrew Carnegie）宣布向图书馆捐赠 520 万美元，纽约市政府则承诺将提供场地，并承担图书馆的维护和运营。同年，纽约公共图书馆与纽约市政府签订合同，在布朗克斯区、曼哈顿和史坦顿岛建立 39 座卡内基分馆，初步形成了城市合作与社区互动的运作模式。此后，纽约公共图书馆逐渐成为纽约市民文化生活的重要组成部分，在知识传播、教育机会、娱乐、公益服务等方面发挥着重要的作用。

　　随着美国公益事业的不断发展，纽约公共图书馆已成为美国最大市立公共图书馆，除总部外共有 91 座分馆，分布在布朗克斯区、曼哈顿区和史坦顿岛。分馆主要用于储存文学作品和科研类书籍，其中包含 4 个研究中心，分别专攻人文社会科学、表演艺术、黑人历史文化以及工商业的研究。目前正在研究和流通的藏品总计超过 5100 万件，图书馆为所有年龄段的游客提供免费开放的电子馆藏信息访问服务，每年都会举办数以千计的展览和公共项目，包括技术、文学、科研等主题，并为其他语言使用者提供英语教学项目。根据官方统计数据，图书馆每年为大约 1800 万名游客提供线下服务，官网的线上访问来自 200 多个国家达 3200 万次。

第二节　纽约公共图书馆的场馆建设

　　纽约公共图书馆的首任馆长是约翰·肖恩·比林斯（John Shaw Billings）博士，他是最杰出的图书馆管理员之一，曾负责管理陆军医学图书馆，他的作品《医学索引》被视为美国主要的医学参考书目之一。比林斯亲自参与纽约公共图书馆的场馆建设，他要求新建的主馆必须具备一个高达七层楼的大型阅览室，还须打造一套世界上最高效的图书馆交付系统，以便将图书馆资源迅速交付到读者手中。经过多轮招标谈判，比林斯的设计理念逐步得到落实，最终方案被外界称为"外有狮子，内有学识"。"外有狮子"指的是图书馆门前的两只狮子，一只叫"阿斯特狮"，另一只叫"莱努克斯狮"，分别以纽约早期的两所图书馆的创建者"阿斯特"和"莱努克斯"命名，二者代表了纽约公共图书馆的形象，也象征着市民对文化知识和图书馆捐赠者的尊重。

　　图书馆建设方案确定后，纽约公共图书馆主馆斯蒂芬·施瓦茨曼大楼的建设工作正式开始，该项目总共持续了 9 年时间，耗资 900 万美元。场馆选址于第五大道 40 街和 42 街之间，交通便利，地理位置优越。当时它是一座旧水库，在施工开始之前，项目组召集了约 500 名工人，花费近两年时间拆除水库，腾出建设空地。到 1902 年 5 月，地基全部夯定，1905 年夏天柱子就位，1906 年底屋顶完工，随后设计师开始了 5 年的室内装饰工作，在 1910 年安装了 75 英里（1 英里约为 1.609 千米）的货架来存放大量藏品，1911 年图书馆主馆落成并开放。1911 年 5 月 23 日，纽约公共图书馆举行仪式，仪式由总统威廉·霍华德·塔夫脱（William Howard Taft）主持，州长约翰·奥尔登·迪克斯（John Alden Dix）和市长威廉·盖诺（William J. Gaynor）出席。

斯蒂芬·施瓦茨曼大楼的整体面积达 60079 平方米，整座建筑美轮美奂，宫殿式馆舍建筑具有新古典主义风格，内外都使用大理石建筑材料，建设之初就以打造"一座永恒的图书馆"作为目标。建筑材料是用私人马车从与加拿大接壤的缅因州、佛蒙特州以及欧洲的意大利、法国运来。在图书馆西面的公园地下建有 12000 平方米的书库，通过升降设备，工作人员可以快速查找图书。主阅读室长 90.5 米，宽 23.8 米，高 15.8 米，占地 1300 平方米，室内没有柱子，可容纳 700 名读者，是全世界最大的开放式室内空间。四面为开放式的书架，拱圆式的长窗，房顶有美丽的大吊灯和绘有云彩图案的天花板。室内设有长形书桌和舒适的座椅，每张桌上放着蒂芙尼设计的铜台灯，还配有部分台式电脑供读者免费使用。当初在设计时，比林斯要求把阅览室设在建筑的最高层，这样既可自然采光又远离马路的喧闹，使馆内安静的环境和外面都市快节奏生活形成了鲜明的反差。

第三节 发挥公共图书馆社会职能

一、品类丰富的馆藏系统

馆藏是体现公共图书馆价值的重要载体，多元化的馆藏内容是公共图书馆提供社会服务的坚实基础。纽约公共图书馆的馆内藏品超过 6500 万件，加上流通的书籍、数字视频光盘（DVD）等，可谓馆藏最多的综合类免费借阅图书馆之一。研究文献收藏在 4 个不同的图书馆内，不仅有珍贵的人类文化宝藏，也有记录普通百姓生活的档案文献。所有藏品归类为 100 多个主题，包括口音方言、女性研究、棒球、计算机科学、同性恋研究、移民、犹太教、戏剧和美国历史等。

主馆斯蒂芬·施瓦茨曼大楼具备人类学、考古学、宗教、体育、历史、文学方面的研究馆藏，以人文、艺术、历史为重点领域。3 家专业图书馆尤为著名，表演艺术馆（LPA）为艺术感兴趣的专家和业余爱好者提供该领域资源的流通借阅、参考服务；以非书籍馆藏而著名，囊括历史悠久的录音、录像带、亲笔手稿、书信、乐谱、舞台设计、剪报、项目、海报和照片等。斯考伯格黑人文化研究档案中心记录了黑人各民族的历史和经历。而科学、工业与经济图书馆（SIBL）是综合印本资源、电子资源、商业资讯与求职服务的专业图书馆，主题涉及广告、银行与金融、生物科技、经济与商业、计算机科学、人类社会学、经济学、财务、食品科学、科学史等。

在纽约公共图书馆的 91 座分馆中，流通外借资料能够满足分馆普通读者的基本阅读需求，馆藏利用率相当高，所以损耗较大，剔旧量也大。有些分馆有自己的特殊馆藏，例如多纳利分馆专门收藏儿童资源和外语资源，外语资源有 17.5 万种图书，包括 100 种语言的字典，24 种语言的期刊，主要语言为中文、西班牙、法语和俄语，在美国公共图书馆界首屈一指。从藏品特征来看，纽约公共图书馆系统中的总馆和所有分馆都具有一个特征，即高雅文化融洽地与大众喜闻乐见的生活情趣糅合在一起，体现出一种强烈的文化包容性。

（一）地方历史文献资料

纽约公共图书馆的地方历史文献资料丰富多元，为研究纽约历史提供了全方位、多领域的视角。馆内收藏的纽约市地方历史资料不仅限于纸质文献，还包括通过其他方式开发和挖掘的历史内容，利用有形实体和无形媒介的结合，构建了立体的社会记忆。对于相关课题研究，如纽约市的历史，可以在图书馆内收藏的报纸、地图和照片中找到相应的记录，例如约翰·巴赫曼（John Bachmann）记录的中央公园美景，以及沃特兄弟（Wurts Brothers）拍摄的克莱斯勒大厦照片等。

（二）摄影、印刷和数字藏品

纽约公共图书馆藏有超过 40 万件的摄影作品和超过 20 万件的印刷艺术作品，例如爱德华·柯蒂斯（Edward Curtis）为阿帕奇童子军拍摄的照片，以及詹姆斯·吉尔雷（James Gillray）的蚀刻版画《婚前和谐》。在互联网背景下，纽约公共图书馆重新定义了图书馆的收藏职能。利用数字信息技术，纽约公共图书馆逐渐对传统信息传播方式进行迭代，通过提供数字扫描图像和整书、可下载的有声读物、视频和电子数据库，充分发挥藏品的传播价值。图书馆目前已订阅了 300 多种数据库，从医学、法律、科学到社区资源、就业、家庭作业辅导等各个方面，并且不断拓宽其数字馆藏范围。

二、社会文化服务体系建设

纽约公共图书馆的使命是："鼓励终身学习，提升社区居民的知识能力，激励社区居民。"为实现这一使命，纽约公共图书馆打造了一套社会文化服务体系。

首先，为改善纽约市民的生活，纽约公共图书馆开展了家庭扫盲计划，该计划免费为超过25000名纽约市民提供阅读、写作、数学、金融和健康素养等基础知识。与经济教育委员会联合开展普及金融知识的扫盲活动，目的是帮助纽约市民和学生重新进入劳动力市场，为以后的生活奠定良好的经济和金融知识基础。图书馆不仅提供了丰富的金融知识材料，还聘请金融方面的专业技术人员为用户开设有关财务及投资的课程，较为出名的是"理财计划课程"，主要向用户讲解股票投资基本知识、如何解读财务报表和债券的基本知识等，累计开班教学超过100次。同时，纽约公共图书馆在其网站专门设立了教育工作者交流的平台——教师博客。通过这个交流平台，教育工作者和相关专家学者可以就教学内容、教学经验和教学方法发表自己的见解。图书馆管理员可以发布图书馆的资源和服务介绍，以便用户更好地了解馆藏的教学资源。图书馆对博客资源进行组织和整理，以作者头像和博客标题制成博客列表，供用户查看，可以相互学习教学经验和教学方法。

纽约公共图书馆教育涉及的人群范围很广，基本涵盖了所有年龄段各类型的读者，无论是普通群体还是特殊群体，无论是低龄儿童还是青少年或中老年人，教学内容丰富，包括基础教育、创新教育、职业技能培训等。提供教育的渠道有：通过举办名人讲座、培训班、研讨会、朗诵会、电影放映、节目表演等形式来激发读者兴趣，使读者更好地利用图书馆；图书馆员给低龄儿童讲故事，指导孩子阅读、完成作业，有利于使其在寓教于乐的氛围中学习知识；图书馆为青少年群体提供了培养创新意识和能力的平台与活动；针对成年人练习职业技能的需求，图书馆为用户提供的多种免费职业教育服务是很好的选择；对于有求职需求的用户，图书馆还会定期主办召开涉及招聘、就业培训等内容的会议。除此之外，为了满足贫困人群、残障人士、移民等特殊群体的需求，图书馆提供相应的特色教育服务，如果有需要手语翻译的人士，只需提前一周预约，图书馆便可提供手语翻译服务，通过电话和网络也可以与图书馆联系，取得想要的有声图书资料，并且这些资料的寄送完全免费。

纽约公共图书馆服务内容主要涉及10个方面：资源共享（合作型馆藏发展、整合公共图书馆系统、资源传递、馆际互借）、特殊用户群服务（儿童、青少年、成人、残障人士、求职人员等）、职业发展与继续教育、咨询及发展服务、协调性服务、形象与宣传、成员馆及总分馆的沟通交流、与其他图书馆的合作、基建项目、中心馆服务。纽约公共图书馆服务涉及上述所有内容，同时充分发挥分馆职能，发挥分馆利用适当资源与项目重点服务社区的职责，探索新路径，满足经济、社会、文化和教育水平差异的新用户群的信息、娱乐、教育需求。在社区服务体系中，重点打造参考咨询服务、社区中心服务和公益性服务。

（一）参考咨询服务

图书馆参考咨询服务是一种信息服务模式，即针对用户需求，凭借各种类型的权威信息源，对用户检索所需信息进行一定的帮助和指导，或向读者提供所需数据、文献资料、专题内容等。纽约公共图书馆参考咨询服务的对象包括通过现场、电话、信件、网络及其他形式提交咨询请求的各类型用户。服务内容包括：（1）指向性咨询，图书馆通过现场咨询服务、呼叫中心、网上指南、常见问题解答等形式，向用户提供图书馆服务的介绍与指引；（2）指导性咨询，向用户提供图书馆资源与服务的使用辅导以及用户教育，如纽约公共图书馆热线电话由不同语言背景的专业馆员提供服务，对读者进行相关服务功能的操作或使用指导，如辅导用户利用联机公共目录系统检索所有馆藏书目信息并完成借阅、预约、续借等工作，介绍某书籍的基本内容等；（3）专题性咨询，包括事实型查询、信息查证、定题服务、文献信息开发等。

（二）社区中心服务

纽约公共图书馆建立了一套拥有88家社区分馆的完善的总分馆体系，基本上实现了纽约市的全民覆盖和均等服务。例如，纪录片《书缘：纽约公共图书馆》展示了麦库姆桥分馆，它是纽约公共图书馆体系中最小的分馆。读者对其评价很高，称它为"公共图书馆中的瑰宝"，因为它提供了一个可以供人们沟通和交流的面向社区的项目平台，一是使图书馆与公众生活的联系更加紧密，图书馆像一个社区中心，它可以使人们方便地进行知识信息获取、沟通交流、文化娱乐休闲；二是在一定程度上，这些分馆可以成为政府、企业或者社会组织进入社区的渠道和节点，发挥着促进双向信息流通、鼓励公众参与的重要作用。因此，公共图书馆的分馆融入当地的社区，并化身当地社区活动和交流中心的这种服务模式，不仅有利于完善公共文化服务体系，也证明并增强了公共图书馆在读者心目中的重要性。

（三）公益性服务

纽约公共图书馆一直遵循百年前制定的四项原则之一——免费服务，以此实现公共图书馆公共服务的四个目的，即保持语言文化的多样性，一视同仁地为读者服务，超越世俗和强势文化传统，激发读者和研究者的智慧。因此，纽约公共图书馆在基本服务和延伸服务上实施全免费，包括：（1）办证免费，三年有效，手续简便，只需出示官方颁发的有效身份证件（身份证、驾照以及短期滞美的外国护照均可）和在当地居住地址的证明（如电话收费单、银行结算单或私人信件）；（2）资料查询和书籍借阅免费；（3）展览、讲座、作家及讲演会等各种服务和活动均免费；（4）公共图书馆阅览无须证件，任意进出。在此基础上，纽约公共图书馆不仅提供现有资源的免费开放，还致力于除纸质资源外的公益性数字化、信息化资源建设，如：（1）免费提供上网服务；（2）提供33000本电子书和27.5万张图片的免费在线下载，会员能直接从图书馆的网站上下载电子书；（3）通过网络与世界各国的图书馆、教研机构、新闻媒体、企业和市场信息部门相连，其中链接的各大学图书馆就达2900多个。

三、建设城市公共空间

城市公共空间是增进城市开放度和社会融合的重要载体。随着历史发展与变迁，那些具有重大历史遗产建筑价值、丰厚馆藏以及创新服务能力的公共图书馆在城市公共空间领域扮演了很多新的社会角色。纽约公共图书馆的共享活动和社会服务创新，推动其在提供知识传播、教育机会、娱乐休闲、旅游吸引、公益服务、社会整合等方面发挥着重要的城市公共空间功能。纽约公共图书馆已成为公共阅读空间、展览空间、文化沙龙空间、旅游观光空间等复合空间，并且通过图书馆的复合空间功能向社会提供各种服务，诸如增进移民融合、就业培训、税务辅导、法律援助等。

纽约公共图书馆的公共空间服务包含了实体空间和虚拟空间两个部分。颇具美感和历史文化底蕴的建筑实体使纽约公共图书馆成为纽约市著名的地标，除此之外更重要的是，它为人们建构了一个实体公共空间，市民可以在图书馆里学习、交流、互动，对政治、经济、文化、艺术、科学技术等话题进行参与、思考和交流，结交书友，参加兴趣社团等，为公民参与、公共议题群策群力提供了很好的基础和平台。图书馆还为人们建构了一个虚拟公共空间，随着互联网技术的不断发展，图书馆的线上服务也越来越完善和便利，如图书馆网站、移动图书馆、图书馆社交平台等，彻底打破了时间和空间的限制，人们足不出户就可以随时随地在线获取各种资源进行沟通交流，这对民众的终身学习、全面发展大有裨益。

共享是城市公共空间的核心要义。纽约公共图书馆非常重视图书馆所提供的阅读服务，它在面向社会服务领域秉持初心。基于为社会提供阅读、知识和教育服务的理念，纽约公共图书馆各处场馆，全年不断地定期举办几万场次的阅读报告、作家讲座、艺术展览、英语学习、儿童故事会等种类多样，面向所有年龄段群体的公共文化活动与艺术沙龙，以深入服务市民文化生活需求。纽约公共图书馆从建馆以来就坚持免费开放政策，办理图书证不需要任何押金，而且图书馆全系统免费流通借阅。作家卡尔文·特里赞誉纽约公共图书馆"是纽约伟大的文化机构中最平等待人的地方，不需要票子，不需要会员证，也是最高水平的地方，任何进出图书馆者都能自我感觉有与哈佛大学学生同等的资格"。正是其践行丰富的文化活动、完全免费的政策、自由进入的制度、开放时长较长等服务理念，纽约公共图书馆塑造了最受欢迎的城市文化公共空间的形象定位。

第四节　纽约公共图书馆的经营模式

一、总分馆制管理模式

纽约公共图书馆采用了一套行之有效的总分馆制度，即总馆与分馆之间实行统一管理，文献资源、经费、工作人员等全部由总馆负责协调。图书馆理事会负责研究图书馆的方针、政策、经费等问题，包括董事管理委员会、成员关系理事会、外部管理委员会、中心馆理事会、分馆、专业图书馆管理委员会。分馆管理体系设置了图书馆分馆管理委员会、分馆管理团队、分馆专业咨询委员会。此外，纽约图书馆总馆与分馆之间实现了一卡通管理的"通借通还"。该系统拥有 4 个研究型图书馆、87 个分馆，分散在布朗克斯区、曼哈顿区和史坦顿岛，其中包括 1 个盲人和残障人士图书馆（安德鲁·海斯克尔盲文和有声读物图书馆）、3 个专业馆。总分馆制的管理模式对于统筹城市公共图书馆服务资源是高效可行的，不仅有利于馆藏、人员、经费等服务资源的统一管理和调配，而且通过各分馆充分深入社区，能够使图书馆服务范围辐射到整个区域，进而实现服务效益最大化。

为了更加合理、科学地规划图书馆的管理与运营，图书馆管理人员会积极吸引外部专业人士和读者加入图书馆分馆建设规划，采用"引进来"和"走出去"的方式推动图书馆的发展。

分馆管理委员会"引进来"，即邀请其他图书馆办事处代表（包括交流、政府关系、预算、资金融资及其他领域成员），参加每月召开的分馆管理委员会会议，为图书馆发展提出建议。

图书馆工作人员"走出去"，参与由其他社会服务机构成员组成的外部咨询委员会，重新审视图书馆的外部服务倡议，规划新举措。此外，安德鲁·海斯克尔盲文和有声读物图书馆成立市民咨询委员会（Citizens Advisory Council, CAC）每年至少召开 5 次会议，探讨为图书馆潜在用户、政府办公室、社区组织及其他感兴趣的个人和群体提供服务的建议，并将其作为图书馆工作人员提升服务水平和质量的重要参考。

纽约公共图书馆总馆还依托自身在资源、人才、技术方面的优势，实行"技术统领"。一方面，纽约公共图书馆总馆发挥统一服务网络作用，网站统一通告分馆活动，均衡分馆服务项目。另一方面，积极利用网络新技术创新实践，纽约公共图书馆与纽约市学校建立合作关系，加入了纽约学校与公共图书馆合作开展的创新型导航项目，进一步扩大学生和教师对公共图书馆馆藏的访问量，消除借阅障碍，鼓励学生阅读。同时，纽约公共图书馆稳步推进数字图书馆项目，增加查找与利用馆藏资源的内容和工具，提升用户联系功能，建立一个强大的网络教育社区。纽约公共图书馆凭借其网络服务技术使得总分馆体系形成联系相对紧密、优势互补的图书馆共同体。

纽约公共图书馆总分馆建设的顺利开展，得益于良好的政策环境和管理体系。美国图书馆有相对良好的图书馆政策法律环境，图书馆立法涉及"公共服务""服务广泛普及"和"提高服务质量"等问题，尤以在农村和城市"广泛普及图书馆服务"为要，解决了图书馆事业发展中普遍存在的经费、人员等棘手的现实问题。同时，图书馆委员会建立的分馆建设规范标准，更加有利于总分馆的建设。另一方面，纽约公共图书馆具有完善的管理体系，注重总分馆建设规划，积极采取措施，促进图书馆服务均等化。

二、公私合营的运营模式

充足的资金是图书馆开展服务和创新服务的坚实基础。纽约公共图书馆2017年年报显示，2017年纽约公共图书馆各分馆总收入约为1.86亿美元，研究型图书馆总收入约为1.54亿美元。从收入来源看，政府拨款占纽约公共图书馆总收入约57.3%，近43%的收入主要来自捐赠和图书馆基金投资所得。其中，纽约公共图书馆获得捐赠资金是非常可观的，截至2017年捐赠基金总额达到11.8亿美元。

为保障资金来源的可持续性，纽约公共图书馆将筹款作为其重要的常规工作内容。根据纽约公共图书馆2017年年报，分馆2017年经费开支达1.89亿美元，其中约512万美元用于筹款与发展，占比0.8%。纽约公共图书馆下的研究型图书馆2017年经费开支1.29亿美元，其中约870万美元用于筹款与发展，占经费开支的6.75%。纽约公共图书馆的募款工作主要有以下几个方面：

第一，纽约公共图书馆网站首页的醒目位置设有捐赠栏目，详细地展示了会员、企业、基金支持、志愿者等捐赠形式。每一种方式都详细介绍了捐赠的目的、方式、金额和相应的回报。网站还重视展示这些捐赠资金利用在教育、社区等方面的成果。此外，纽约公共图书馆开展了多次捐赠活动，或在各种活动中号召人们为图书馆捐赠。通过宣传活动，图书馆得以向社会介绍图书馆工作，传达图书馆价值，增强公众对于图书馆的了解和认可。

第二，"图书馆之友"等组织是图书馆争取社会援助，缓解经费压力的重要组织。加拿大、英国、澳大利亚等国家的图书馆都非常重视"图书馆之友"

的建设。纽约公共图书馆成立了"图书馆律师协会""小狮子协会""毕格洛协会""商业领域委员会"等多种多样的组织团体，以吸纳不同人群参与到图书馆事业当中。对于企业家来说加入这种社团可获得与顶级企业家交流的机会，又能增加自身的社会影响力，极大地激发了企业家们助力图书馆慈善事业的积极性。

第三，纽约公共图书馆重视与纽约市政府保持联系，与市政府建立沟通机制，主动与政府进行协商，争取财政支持。图书馆工作人员学习如何与市政府打交道，参与到市政府的规划、财政预算当中。图书馆工作员会主动走访社区，传播图书馆理念，宣传图书馆的重要性，以获得社区的支持。公众和社区组织支持图书馆，为图书馆发声，可以提高政府对图书馆的重视程度。同时，图书馆通过私人募捐的方式，对新项目试运营，并进行评估。私人投资推动纽约市政府给图书馆拨款，而市政府的支持也会激发更多慈善捐赠，由此形成良性循环。

捐赠者可通过以下方式向纽约公共图书馆进行募捐：（1）直接捐赠，捐赠者直接向纽约公共图书馆捐赠，也可以选择每月为图书馆捐赠固定金额；（2）会员制度，志愿者通过捐赠成为捐赠资金、书籍或各种免费服务项目的会员；（3）冠名捐赠，捐赠者出资 5000 美元，就可以定制纽约公共图书馆著名的玫瑰阅览室的一把椅子牌匾，出资 50000 美元，便可定制一张桌子的牌匾，以此作为纪念；（4）计划捐赠，计划捐赠是指捐赠者将部分遗产捐赠给纽约公共图书馆，其捐赠者可以加入毕格洛协会；（5）活动赞助，纽约公共图书馆每年会开展一系列的活动，企业等组织可以向这些活动捐赠物资或提供服务；（6）基金会赞助，其他基金会的赞助也为纽约公共图书馆提供了运作支持。

三、图书馆公益项目运营

（一）"架桥"项目

2013 年 9 月，"架桥"项目由纽约公共图书馆在海伦·格莉·布朗（Helen Gurley Brown）信托基金会的投资下启动。该项目是一个具有创新性的教育兼脱贫项目，旨在为纽约市低收入地区的青少年提供学习方面的支持和指导，其目标人群为布朗克斯和曼哈顿的服务欠缺地区的9年级至12年级家境贫寒的学生。项目通过组织兼具趣味性和学术性的培训等活动，培养参与者的学习能力与综合素质，最终指导贫困学生顺利进入大学或大专院校。"架桥"项目四年为一期，每期与学校合作招收参与者，符合条件的学生可自愿报名参加项目。图书馆会要求他们填写一份详细的申请表，包括个人自我认知的考察（长处和不足、兴趣爱好、长期目标和梦想、报名原因自述）及熟悉该名学生的老师对其的全面评价（特长、综合素养和能力、学习优势和弱点、在校表现情况和潜力、性格优势和发展空间）等信息，以便项目负责人对申请者进行较为深入的评估，有利于制定教学指导方案。

（二）"图书馆热点"项目

纽约市超过 80 万户家庭未建立宽带连接，36% 的贫困家庭不能上网。2014年 12 月，为弥合纽约市数字鸿沟，纽约公共图书馆、布鲁克林公共图书馆和皇后区公共图书馆推出了"图书馆热点"项目，旨在向纽约市低收入居民提供免费上网服务，允许缺乏宽带连接的家庭免费租借共 1 万台路由器（移动无线Wi-Fi 设备），以满足他们在家中访问互联网的需求。该项目与白宫的"联网计划"合作，由思普润（Sprint）公司提供设备支持，并获谷歌和奈特（Google & Knight）基金会共 150 万美元的捐款。家中未联网的用户可向参与项目的 46家纽约市的公共图书馆分馆申请租借设备，要求申请者为纽约市公立学校的孩子家长或监护人，且所持图书证中待还罚款不高于 15 美元。该项目全程免费，除非用户丢失或未按时归还设备，则须缴纳罚款 100 美元，同时图书馆会停用该用户的图书证直到其退回设备或支付罚款。

（三）"开放电子书"项目

2016 年 2 月，为帮助低收入家庭的学生获取高质量的阅读资源，激发他们的阅读热情，纽约公共图书馆联合美国数字公共图书馆（Digital Public Library of America）、非营利组织（First Book），与电子图书经销商（Baker & Taylor）、在线教育平台（Clever）合作，在美国博物馆与图书馆服务署和阿尔弗雷德·斯隆（Alfred Sloan）基金会提供的资金支持下，推出了"开放电子书"项目。该项目面向 4—18 岁低收入家庭背景的学生开发了一款免费的电子书阅读应用程序，并与政府的"联网计划"合作，获得了 11 家图书出版商捐赠的价值超过2.5 亿美元的电子书资源。纽约公共图书馆在该项目中主要承担了核心软件开发的任务。满足贫困家庭认证条件的学生可在移动终端下载与项目同名的"开放电子书"阅读应用程序，输入特定的代码登录后，能直接浏览包括许多畅销书和数百本经典文学名著在内的免费电子书；教师等教育行业工作者也可以在第一本书（First Book）的网站上注册后，为有需要的学生申请访问"开放电子书"的资格。

（四）"文化通行证"项目

2018 年 7 月，纽约公共图书馆、布鲁克林公共图书馆和皇后区公共图书馆合作开展"文化通行证"项目，让持有图书证的市民能通过网上预约通行证的方式免费进入纽约市数十家文化机构。该项目支持低收入群体"享受纽约市世界一流的文化产品"，由纽约社区信托基金会（The New York Community Trust）、查尔斯·雷夫森（Charles Revson）基金会和斯塔夫罗斯·尼亚尔霍斯

（Stavros Niarchos）基金会赞助。截至 2018 年 12 月，已有分布在纽约市的 5 个行政区 46 家文化机构参与合作，涉及文化机构种类多样，例如犹太人博物馆、曼哈顿儿童博物馆、皇后区历史学会、布鲁克林植物园等。"文化通行证"项目的目标人群包含纽约市的低收入家庭和服务欠缺社区的居民，符合条件的持卡人均可在网站上预订文化通行证。该项目的开展在一定程度上将打破市民参观文化机构的收入门槛，为低收入者享受文化产品提供更多的机会。

案例六

英国谢菲尔德体育场馆的运营

第一节 英国谢菲尔德体育场馆的发展历程

19 世纪，谢菲尔德是一座以钢铁产业为主的工业城市。随着工业的衰落，这座城市也随之陷入萧条期。然而，今天的谢菲尔德是除伦敦之外英国经济增长最快的城市，这与它把握 1991 年世界大学生运动会的举办契机，成功转型为体育城市有着密切的关系。

一、英国谢菲尔德体育场馆的历史背景

谢菲尔德市位于英国中部，人口 50 多万，是英国第四大城市。谢菲尔德是一个典型的传统工业城市，曾经以钢铁业和重型机械闻名于世。在 1740 年谢菲尔德人发明了质量更好、价格更低的坩埚钢。先进的科学技术及该市拥有丰富的矿产资源，再加上铜镀银餐具的流行，整座城市的工业被带动起来，钢铁及机械重工业逐渐成为该市的支柱产业。

到了 19 世纪，随着煤矿的发现，英国殖民扩张，谢菲尔德的钢铁工业达到了顶峰。但好景不长，1970 年后欧美发达国家面临日益严重的石油危机、经济危机、需求下降以及新兴工业国家崛起加剧的全球竞争，西方传统工业城市，包括谢菲尔德市，都面临着巨大的挑战。随着英国的逐渐衰落，谢菲尔德的钢铁工业开始走下坡路，谢菲尔德也失去了自己的优势，钢铁产量逐年减少，大量工人失业，经济陷入了工业萧条期。由于缺乏新的投资，原先提供主要就业的传统工业区——顿河下游河谷（Lower Don Valley）成为大片废弃闲置的工业荒地，整座城市信心低迷。

从就业率来看，谢菲尔德市的就业率从 1970 年后期的不到 2%上升到 1978

年的 6%，到 1982 年夏季进一步上升到 15%，多年来首次超过全国平均水平。到 1986 年秋季更是达到创造纪录的 18%，之后开始快速下降到 1989 年的 10%，此时仍高出全国平均水平的 2.5%—4.0%。制造业的下滑一直到 1988 年才有所遏制，而此时谢菲尔德市提供就业岗位前 20 位的职位中，制造业企业就业率由占主导地位下降到仅占 17%，各项指标显示谢菲尔德市不再是制造业城市了。谢菲尔德市面临着经济衰退、城市转型的巨大挑战。

二、英国谢菲尔德体育场馆的发展契机

钢铁之城辉煌不再，谢菲尔德需要寻求新的产业重振经济。谢菲尔德有着悠久的体育历史，市政府便将目光放在了体育产业上。为了改变城市因传统制造业持续下滑造成的经济困境，1986 年谢菲尔德市成立了谢菲尔德经济再生委员会（Sheffield Economic Regeneration Committee，简称 SERC），定期组织各级政府官员、工商业代表及教育界和社区组织交换意见，规划和协调重振该市经济的主要战略项目。1987 年以后谢菲尔德市启动的主要项目均着眼于经济转型：从制造业转向休闲、娱乐、零售及其他服务业。

经济再生委员会的一个主要任务就是规划谢菲尔德市到 2000 年的长期城市经济再生发展战略。经过大量的研究与商讨，经济再生委员会提出需要以一个大型旗舰工程（Flagship Project）作为长期再生发展战略的引领，进而提出要申办 1991 年世界大学生运动会（World Student Games，简称大运会）的建议。谢菲尔德市于 1987 年成功获得了 1991 年世界大学生运动会的主办权。该市提出了以大运会建设及举办，引领城市整体再生与发展的战略，这是当时"能够想到的重新推动谢菲尔德市前进的最一致的焦点"。

1988 年，谢菲尔德市政府与商界采用商会联合的方式组建了伙伴公司。公司组建的重要目的之一就是要改变和提升谢菲尔德市在外来投资者心目中的城市形象。1989 年经济再生委员会决定制定题为"谢菲尔德 2000"的城市发展 10 年规划战略纲要，明确 2000 年城市发展的远景目标与战略计划。在这份发展纲要中明确提出，谢菲尔德市将发展体育、休闲与旅游国际中心作为城市发展的 5 大远景目标之一。

谢菲尔德市经过广泛调研和深入分析，采用以申办超大型体育赛事为引领，由传统工业城市向旅游等现代服务业城市转型。该市在筹备大运会的过程中，城市旅游业总体发展规划的报告，对谢菲尔德的城市发展形势做了详尽分析。谢菲尔德市当时的城市形象呈两极分化状态：一方面是老钢铁工业城市形象，另一方面是包括为 1991 年主办大运会修建的世界级体育场馆设施、酒店、交通基础设施等在内的新城市形象。但总体而言，谢菲尔德市旅游目标市场缺乏清晰的城市形象。

大运会的体育场馆设施应成为未来旅游业发展和塑造国际、国内城市形象的主要载体，成为吸引各地游客的城市主题。体育赛事被认为是谢菲尔德市旅游业发展的主要机遇，具体而言，为大运会建设的体育场馆设施应成为谢菲尔德市塑造现代积极的城市形象的基础，必须开展强势的、持续的营销活动提升对这些设施的需求，尽快收回初始投资。谢菲尔德市应成为各类国际赛事的常规举办地，树立体育事务的权威地位。在赛事的类型方面，不但要有大型的赛事，而且要在大型赛事的间隙举办各类中小型的赛事，特别是在旅游淡季时，以增加城市旅游业收入。要建立一支专业的体育与营销队伍，以保证大运会后的场馆设施能得到充分利用，实现效益最大化。报告最后的结论指出，应大力开发大运会留下的体育场馆设施，一方面使其成为谢菲尔德市旅游产品的一部分，另一方面将谢菲尔德市塑造为国家体育中心的形象。

自大运会后，谢菲尔德市连续多年成功申办和举办了一系列重大国际赛事。据统计，1991—2000 年期间，即实施"谢菲尔德 2000"的城市发展 10 年规划战略期间，谢菲尔德市共举办重大赛事 359 项，平均每年约 40 项，这些赛事给该市带来了大量的旅游收入和其他经济效益。研究显示，大运会后的短短 4 年里，谢菲尔德市吸引的赛事为该市带来的额外经济效益总值约为 3100 万英镑。同时，这些体育赛事为城市带来的媒体宣传广告价值在 8500 万英镑左右。大运会建设的先进体育场馆设施和随后的一系列体育赛事，对于城市的形象塑造与品牌提升起到了巨大的推动作用，改变了原先传统工业城市萧条带来的一系列负面形象。在市政府不懈的努力下，谢菲尔德已经成功地从一个萧条的工业城市成功转型为英国的体育之都。1996 年，英国政府授予谢菲尔德市为"国家体育产业城"的称号。

如今的谢菲尔德聚集了大量的赛事资源，除了一年一度的斯诺克世锦赛外，国际田联大奖赛和世界橄榄球联赛等全球顶级赛事都进驻谢菲尔德。大型体育赛事已经成为谢菲尔德市旅游产品的核心组成部分。成立于 1992 年的大型赛事部也一直保留至今，而且其功能也不断得到丰富与细化，如 2003 年和 2005 年还分别设立了大型参与性赛事及推广主管和赛事运营与推广助理等岗位。

为了更好地为谢菲尔德市的赛事规划提供指导与协调，谢菲尔德市明确提出了以下大型赛事的战略目标：

（1）改变和提升谢菲尔德市的城市形象。

（2）展示谢菲尔德市适宜投资的良好形象。

（3）展示"谢菲尔德制造"的高品质。

（4）提高场馆运营的收入。

（5）促进经济增长。

（6）提高社区与市民的参与性，提升居民自豪感。

（7）与赛事所有者（国际、国内体育组织）和推广商紧密联系，将谢菲尔德市打造为赛事基地。

围绕 2012 年伦敦奥运会，谢菲尔德市又制定了一系列的行动计划，包括2009—2010 点燃体育火焰战略、分享奥运蛋糕、奥运预选赛、赛前训练等。通过实施以大型体育赛事为引领的城市再生战略，谢菲尔德市已经成功地摆脱了传统重工业萧条带来的危机，改变了过去与烟囱、污染和衰退联系在一起的工业城市的负面形象，由"钢铁之城"走向"体育之城"，成功塑造了以现代服务业为主的城市新形象。

第二节　英国谢菲尔德体育场馆的运营管理

一、谢菲尔德国际场馆管理集团概况

谢菲尔德市的体育场馆均由谢菲尔德国际场馆（Sheffield International Venue，以下简称 SIV）管理集团托管运营。SIV 是欧洲最大的体育、休闲和娱乐场馆管理公司。该集团是为管理 1991 年世界大学生运动会遗留下来的场馆而成立的，隶属于谢菲尔德城市基金会，管理着谢菲尔德市的 14 家大型体育、休闲及娱乐设施。

SIV 运营管理的设施资产达到 2.5 亿英镑（约合 37.5 亿元人民币）。SIV 拥有超过 730 名员工以及每年超过 400 万的顾客，它已经成为英格兰北部地区最大的体育休闲项目管理公司。每年承接超过 1500 个各种类型的活动，在 2005 年被授予全英休闲管理产业的最高奖（QUEST 奖）。

目前 SIV 管理的体育场馆均由政府投资，且 SIV 每年都要和政府谈判获得经费补助。SIV 负责场馆经营，使场馆基本达到保值增值的目的，完成所经营场馆的维修保养和扩建的目标，并在场馆经营税收方面享受优惠政策。SIV 行政总裁的薪酬由谢菲尔德城市基金会确定。谢菲尔德城市基金由 12 位理事管理，其中 6 位由代表选民的下议院议员选举产生，另外 6 位由谢菲尔德工会选举产生。基金会由两方共同负责：SIV 和谢菲尔德市政府。基金会的大部分活动和体育场馆的管理业务都通过管理合同委托给 SIV。SIV 还负责管理所有基金会的子公司，谢菲尔德市政府、基金会与 SIV 之间还有财务和管理协议。

在 20 多年的发展历程中，SIV 不断深入挖掘谢菲尔德所有居民的运动健康需求，加速发展该市体育场馆及相关服务，尽其所能提供高品质服务产品，实

现谢菲尔德体育场馆的利用最大化，并带来效益最大化。SIV 最突出的功能是将谢菲尔德的各类活动资源进行了最大限度地挖掘,该市 14 座大型公共设施资源得到了充分合理地开发运用,其集团化托管保证了谢菲尔德的公共设施资源与活动资源高度对接。

二、谢菲尔德国际场馆管理集团发展模式

SIV 管理的体育场馆均由英国政府投资,属于英国国家体育组织所有,产品属性具有明显公共性。SIV 负责场馆经营,每年可获得政府相应经费补助(由英国国家体育组织、约克郡体育组织、谢菲尔德城市基金会三方共同筹集)。该管理团队为城市运动休闲设施项目提供了长远的品牌管家式服务。

专业的场馆管理团队入驻谢菲尔德体育场馆,针对该市体育市场资源及场馆经营做出最适宜的方案,并最出色地执行。在集中托管期间,由各场馆派出代表担任各场馆副总经理及财务总监,代表委托方监督资产的保值增值。SIV 进行全权委托经营管理的服务,派驻体育场馆的管理团队是由一名具有与受托管理的体育场馆类型、规模相似场馆项目执业经验的专业人员担任场馆总经理;同时,根据项目的情况与需求,委派相关的具有同等档次场馆部门经理资历的人员,分别担任该场馆的部门经理,负责相关部门的经营、管理、培训和督导。派出的人员全部为在 SIV 项目有任职经历或经过 SIV 严格培训的资深职业经理人。

三、谢菲尔德国际场馆管理集团运营现状

谢菲尔德国际场馆管理集团采用集团化托管模式,是指政府将公共场馆的管理权及经营权,通过招标、谈判、协商、聘任后,委托该公司管理。政府对被委托方提出具体、明确的条件和要求,如体育场馆的资产评估、体育场馆的保养、维修开放时间、门票价格、利润分成、托管年限、政府应提供的保障条件和管理权限以及托管人应承担的民事责任等。托管者要保证履行规定的职责和义务。

SIV 托管运作模式从产权角度分析,属于一种"表外"产权运作模式。这种模式往往是在不改变或暂不改变公共场馆原有产权归属的前提下,在一定时期内拥有体育场馆资源的使用权和管理权,不涉及并购等复杂产权程序。

SIV 运营模式是通过集团化托管模式打破场馆独立发展的局限,将整座城市的体育休闲娱乐资源加以优化整合,形成竞争优势,构建谢菲尔德体育设施运营链。整条运营链涵盖了谢菲尔德的社区体育活动、体育赛事活动、运动健身活动、娱乐休闲活动、商务会展活动等资源。在对谢菲尔德市 14 家设施进行合理规划,将各项资源有序安排,各项活动相关信息通过 SIV 集团

网站集中发布，网站上还在不同资源板块上附有进入各独立体育设施的具体链接。

四、谢菲尔德体育场馆的运营模式

谢菲尔德市的体育场馆分为两类：一类为综合训练馆群（类似中国的训练基地）；另一类为比赛场馆。各场馆均为英国国家体育组织所有，日常运作委托 SIV 运营。运营模式包括：

（1）租借给专业运动队训练（主要是国家队）；

（2）向社区开放，为市民服务（包括举办各类培训班）；

（3）租借给国家级运动协会办公。

场馆建造时突出重点项目（如适合国家级专业队训练的球类项目），兼顾综合性（包括会议、宴会及其他运动项目，以及市民健身项目羽毛球、健身房、培训等），设备一流（国际大赛标准场地及配套设施，如游泳馆的池底整体依靠水压可由水面 0 米降至水面下 2 米），服务周全（包括餐饮、医疗，所有设施残障人士都可使用）。

体育馆每周均有活动或者赛事举办，例如会议、婚庆、宴会、培训等；每年举办 2000 多场赛事，馆内员工多达 730 名；体育馆每年举行冰球赛 30 场，其他赛事 20 场，演唱会每年 100 多场；冰球馆的训练馆每周有 1000 人前来训练，其中女性占 70%，培训班分 9 个组别，全年不少于 20 万人次训练和培训，每天开放 17 小时以上。至今为止，体育馆客户超过 400 万，其中"运动无极限"会员有 1.25 万名，体育中心的健身房在 2007 年一年内新增了 800 名会员。

世界斯诺克学会总部设在谢菲尔德，8 个英国国家体育协会设在谢菲尔德。所辖场馆每年超过 15 小时的电视直播，高达 1000 万的观众，每年承办超过 100 场音乐会，每年举办 400 多场艺术表演，所辖 4 个会馆每周举办超过 300 个健身课程。

场馆均由英国政府拨款出资建造。维修经费由英国国家体育组织、约克郡体育组织、谢菲尔德城市基金会三方共同筹集，三方各占 1/3，近 3 年共拨款 45 万英镑。日常运营收入包括场馆自设商店销售收入、表演、比赛收入和市场开发收入（出售店铺、租借场地、会议会展、宴会等）。其中文艺演出（主要是演唱会）收入比重最大，其次是体育比赛。

第三节 英国谢菲尔德体育场馆的城市影响

公共体育场馆是城市功能不可或缺的要素之一，是一个城市的名片，更是一个城市文明程度的象征，反映一个城市的内涵。体育场馆设施对城市的可持续发展作用重大，主要体现在增加并改善城市功能、美化和提升城市形象两个方面。体育场馆设施增加和完善城市功能的作用主要表现在提高城市消费功能，优化产业结构，改善交通和环境状况等方面，从城市视觉系统、城市行为系统和城市理念系统三个方面实现其对城市形象的美化和提升。

一、体育场馆对城市经济的影响

（一）对城市投资的影响

举办任何体育赛事都需要相关场馆设施、基础设施、道路交通、通信等服务予以配套保障，并达到特定标准。这对没有举办赛事经验的城市来说，就需要投入大笔的资金去兴建和完善相关设施，以满足举办条件。从体育赛事投资项目的属性对这些投资进行归类，我们可以把体育赛事举办所必需的场馆设施投入称为赛事直接投资，而把因体育赛事举办对城市的基础设施、道路交通、环境改善等方面的资金投入称为赛事间接投资。不过近年来出现了一种明显的趋向，就是城市借助体育赛事举办之机，对城市的基础设施和环境改善等进行大规模投资，这种现象被称为"催化剂综合效应"。所谓催化剂综合效应就是举办城市把举办体育赛事的机会作为自身发展、恢复发展或建设而并不是赛事所必需的城市基本设施建设的催化剂，或称之为触媒。由于体育赛事筹办的需要和城市催化剂综合效应的存在，体育赛事举办城市的投资需求，尤其是与赛事相关的间接投资出现大幅度的增长。

谢菲尔德市以大运会为契机实施体育引领的城市转型发展战略。世界大学生运动会是当时自 1948 年伦敦奥运会以来英国举办的最大规模的综合性运动会，其建设工程包括两个新的游泳池、一个体育馆和一个体育场，加上举办文化节活动翻新剧院的 1200 万英镑，总建设支出约为 1.47 亿英镑。在举办赛事之后，谢菲尔德市利用赛事引领城市再生、重塑城市形象的战略在大运会后得到了坚持，并逐渐显示巨大的效益。1992 年谢菲尔德成立了大型体育赛事部，主要任务就是充分利用举办大运会后留下的大量场馆设施，积极申办全国性和国际性的大型体育赛事，并协调赛事的组织实施工作。显然，至少从大运会的投资来看，都是集中且大规模的，这自然会对谢菲尔德市经济产生推动作用，拉动城市经济的增长，促进就业。

（二）城市旅游消费的增加

一般而言，体育场馆举办赛事期间，消费增加的部分主要由赛事旅游者贡献的。体育相关旅游者的到来，扩大对城市住宿、交通、娱乐、购物等方面的需求，这种因赛事活动而引起的城市消费增加现象，被称为体育赛事旅游效应。

体育赛事在城市发展中扮演着极为重要的角色，如吸引物、形象塑造者等。吸引物是旅游者体验的物理环境。对体育赛事来说，大型体育场馆、赛事中心等静态的物理环境是不可或缺的；体育赛事的吸引力不仅限于这些物理环境，体育赛事的产品质量、服务态度和娱乐氛围也是很重要的因素。在时间和空间上，体育赛事可以将城市的其他旅游吸引物集聚起来，或者与其他旅游吸引物相结合，共同呈现在旅游者面前，可以提高城市的整体吸引力。

体育赛事伴随着赛事旅游。赛事旅游者大致可以分为两类，一类是由运动员、教练员、组委会成员、媒体记者、裁判员等组成的群体，体育比赛的性质决定了他们是非参与不可的正常旅游者；体育赛事的规模决定了大多数旅游参与者来自城市以外的地区或国家，这类群体的旅游消费是刚性的。另一类是希望体验赛事、或被运动员所吸引、或借赛事之名来欣赏城市风光的旅游者，我们称之为引致的赛事旅游者，这类群体的旅游消费是具有弹性的。赛事旅游者群体的大小直接决定了旅游消费的多少。体育赛事举办城市要想通过体育赛事扩大城市旅游消费，则必须通过各种营销手段，来吸引这些具有弹性的旅游者。

谢菲尔德市在 2009 年的赛历中，有多达 50 项大型赛事，其中包括国际泳联的世界跳水系列赛，世界台球最高级别赛事——斯诺克世锦赛以及一系列其他国际性或全国性的体育赛事。其中斯诺克世锦赛就为谢菲尔德市带来 256 万英镑的额外经济收入，仅英国广播公司（BBC）和欧洲电视台对该赛事进行了为期 17 天，长达 130 小时的赛事转播。通过对转播过程中城市名称和图像曝光量的监测并转化成常规广告成本，在英国和欧洲的转播为该市带来价值 312 万英镑的媒体宣传价值。而大运会的体育场馆设施不仅促进了谢菲尔德市的旅游业发展，还成为吸引各地游客的城市招牌。

（三）城市产业结构的优化

产业结构对城市的经济发展和竞争力提升起着至关重要的作用。随着经济的发展，第一产业的就业人口比重不断降低，第二、第三产业就业人口比重不断增加，劳动人口从第一产业向第二产业、第三产业不断转移。产业波及在国民经济体系中，按照不同的产业关联方式，产业部门引起直接相关的其他部门的变化，然后再进一步导致与直接或间接相关的其他部门的变化，直至影响力消减的过程。产业波及是体育场馆举办赛事对城市产业结构影响的直接原因。

体育赛事具有广泛的产业关联性，关联产业集中在第二、第三产业。体育场馆举办赛事对城市产业结构的优化升级具有一定的推动作用。从内部看，体育赛事的举办可以促进城市体育产业内部结构的优化升级；从外部看，体育赛事对相关产业的关联和波及可以推动城市产业结构的优化升级。

从外部结构效应来看，体育赛事产业与城市的三次产业具有广泛的关联关系。与体育赛事相关的商业服务、金融业、旅游业、文化产业等都属于现代服务业的范畴。体育赛事的产业关联和波及效应既可以促进城市第三产业的发展，也可以促进第三产业的内部结构优化。

在体育赛事举办过程中，需要场馆及其他基础设施建设。体育场馆凝聚着现代科技的智慧，体育服务、体育器材、信息系统等都对科技有着很高的要求，体育赛事无疑会对第二产业、尤其科技含量较高的制造业有明显的推动作用。

相较于对第二产业、第三产业的影响，体育赛事对第一产业的影响主要表现为加速城市化进程，降低农业就业人口的比重。体育赛事所需的场馆数量众多，考虑到土地的级差地租和城市发展的整体规划，许多场馆设施都兴建于城市郊区，随着农村城市化，农村剩余劳动力逐渐向第二、第三产业转移。从产业关联的方式来看，体育赛事通过前向、后向和横向关联与城市其他产业形成广泛的联系和波及效应。

体育赛事可以优化城市产业结构，这点在许多赛事中得到过证实。如斯诺克世锦赛为谢菲尔德市的产业带来了很大影响，对就业影响最大的几个产业分别是：体育设施业、宾馆业、商业服务业、饭店业、建筑业等。体育赛事的繁荣必然会增加第三产业在城市经济中的份额。

二、体育场馆对城市的社会影响

体育场馆对城市的社会影响体现在塑造城市文化和打造城市形象方面。

（一）城市文化

城市文化是城市居民在城市发展过程中形成的意识形态和与之相适应的制度与组织结构，以及意识形态、制度和组织结构影响下的物质财富，具体而言包括城市精神文化、城市制度文化、城市物质文化。举办大型体育赛事对城市文化这三个方面都会产生深远的影响。

体育场馆是体育赛事对城市文化影响最直观的表现，也是最基础的物质文化形态。体育场馆外观通常以各种独特的艺术造型来诠释体育运动精神，体现体育竞争精神，与社会文化心理共同形成了一种复合的文化形态。经济全球化背景下，城市之间面临着竞争与合作，而竞技运动所蕴含的竞争精神就是竞争与合作，这与现代城市发展理念是非常契合的。

体育竞技中体现出的"团队合作""顽强拼搏""永不放弃""公平竞争"等运动精神，既有利于城市人才的培养和塑造，也能在城市内营造一种积极向上的行事规范和道德准则。体育赛事的举办也让市民们不仅从精彩的赛事中欣赏到竞技的本体美，还能让市民们深刻地理解体育的内涵和健康的宝贵。当体育活动成为市民的一种生活方式时，既能丰富他们的精神生活，也能改变人们的价值观念。

（二）城市形象

城市形象是城市景观、市民形象、政府形象的整体反映，包括视觉形象和感知形象。体育赛事的成功举办，能为城市树立良好的形象，提高城市知名度、美誉度和影响力。视觉形象是能够直观看到的城市物化形象，如城市道路、交通、住宅、商业区等。大型体育赛事的举办需要兴建大量的体育场馆和城市基础设施，这势必为城市营造一种"体育"的视觉冲击。体育作为一种积极向上的文化形式，给城市视觉形象带来正面提升。体育场馆的规划选址及配套设施的建设能改善周边的环境，提升区域功能，进而改善城市形象。

感知形象是城市的内涵和特质，包括社会秩序、生活水平、经济环境、文化素养等。正所谓"知行合一"，感知形象的外在表现形式就是行为形象。在大型体育赛事的筹办和举办期间，城市政府为确保赛事的顺利进行，充分展示城市的美好形象，会要求提高整体业务素质，全身心投入到赛事筹备中。赛事的举办也要求广大市民参与进来，发挥志愿者精神，这无疑会让居民形成积极的态度、文明的社会风貌、良好的公共秩序和浓厚的体育氛围。

大型体育赛事对城市形象的影响还表现在扩大城市影响力，塑造城市品牌。1988 年，谢菲尔德市政府与商界通过商会联合组建了伙伴公司，其中一个重要目的就是要改变和提升谢菲尔德市在外来投资者心目中的城市形象。谢菲尔德市 1996 的一项报告显示到该市的游客中，当被问及谢菲尔德市的正面形象时，最常提到的是"良好的体育设施和赛事活动"。在对 15 项具体指标进行评分时，为大运会修建的游泳综合馆和运动场是获得最高评价的两项。该研究同时显示，市大运会以来的发展中，随着体育设施的完善，大型赛事活动的认知率也逐步提高。在对该市近期发展项目的评价中，91.1%的受访者认为新建体育设施提升了城市的吸引力；84.4%的受访者认为该市主办的大型赛事提高了城市吸引力。特别值得注意的是，在对提供了 7 个描述谢菲尔德城市营销形象或口号的备选问题回答中，"体育城市"获选比例最高，为 24.4%，明显高于其他选项（"好客的城市""文化艺术城市""休闲旅游城市""充满活力的城市""高质量的制造业城市"）。城市形象的提升不仅体现在游客的认知方面，还体现在本市居民的感知方面。85.5%的谢菲尔德市居民认同新建的场馆设施增强了城市作为生活目的地的吸引力。2009 年斯诺克世锦赛期间对赛事观众的调查也显示，外地观众对谢菲尔德市形象描述的问答中，"非常好"和"好"的比例分别达 20.7%和57%，持负面态度的则不足 3%。此外，还有 56.7%的游客表示有意愿在一年内再次来访该市。

三、体育场馆对城市空间的影响

（一）实体形态：场馆及配套设施建设

体育馆对城市空间的影响，首先表现在体育赛事顺利举办所需的大量场馆及配套设施的建设。大型体育赛事的举办必须具备的设施包括：为各大类多项比赛提供正式比赛场馆和大量的配套训练场地；为超过万名参赛人员提供多功能服务的住宿场所；为至少万名媒体记者提供信息服务的广播中心和记者村；还需要为世界各大体育组织和观众提供至少上万套的旅馆住房。此外，还要保证大型赛事举办城市在交通、能源、通信和娱乐设施等方面有足够的容量来满足观赏赛事的旅游者需求。

谢菲尔德市在 1991 年举办大学生运动会期间，对城市的交通设施、体育设施等都进行了修建和完善，并兴建了两个新的游泳池，一个体育馆和体育场。同时对城市用地进行了系统性规划，包括城市道路交通、电力、给排水、通信及各类服务设施的更新升级。

城市对基础设施的需求是随着城市经济发展水平的提升而不断增加的。如果一个城市的基础设施投资慢于城市需求，就会延缓城市经济发展，可能会错失发展机会。但如果城市基础设施供给超过了城市的有效需求，就会导致各类经济问题，甚至导致政府财政破产。举办大型体育赛事的优势就在于能够激发一个巨大的外部需求，使超前的场馆及配套设施的部分建设成本能够快速回收，从而促进城市竞争力的迅速提升。

英国举办奥运会期间，谢菲尔德市的许多体育设施都被投入使用。很多公园安装了体育设施，仅乒乓球这一项运动，谢菲尔德推行的"PING 计划"给城市内的 40 多个场所安装了乒乓球台，完善了更多的城市配套体育设施。

（二）空间形态：城市空间结构

当城市经济发展到一定阶段时，城市空间结构也需要做出相应的调整，由大型体育赛事活动带动的相关设施建设为城市空间改造与提升提供了机会。

体育赛事的良性触媒作用能给城市建设带来积极的影响，包括新城建设和旧区更新。城市空间的发展一般采用两种模式："1×1"和"1+1"。"1×1"模式，是指城市以巩固和发展原有城市空间为主，依托提高已有场馆、基础设施及服务设施的建设水平与服务能力的方式，来满足体育赛事的需求；"1+1"模式是城市跳出原有城市空间，结合设施建设开辟城市新区，对城市空间进行整体重塑，由此推动城市空间发展。对于许多城市而言，通过举办大型体育赛事，利用相关设施设备建设来调整城市空间结构，一般同时具有这两种模式的特征。

谢菲尔德市于 1987 年成功获得了 1991 年世界大学生运动会的主办权，提出以大运会建设为契机，引领城市整体再生与发展的战略。谢菲尔德市在城市原有的基础上对场馆设施进行完善，同时对城市空间进行重新规划布局，建设新的体育场馆，升级空间结构，一举将谢菲尔德市打造为体育赛事基地，并在 1995 年被英国体育委员会命名为全英第一个国家体育城市。

参考文献

［1］Mahoney K, Esckilsen L A, Camp S. Public Assembly Venue Management: Sports, Entertainment, Meeting, and Convention Venues[M]. The United States: Kendall rtunt Publishing, 2020.

［2］Berners P. The Practical Guide to Managing Event Venues[M]. London: Routledge, 2018.

［3］Rogers T, Davidson R. Marketing Destinations and Venues for Conferences, Conventions and Business Events[M]. London: Routledge, 2015.

［4］Wynn-Moylan P. Risk and Hazard Management for Festivals and Events[M]. London: Routledge, 2017.

［5］陈儒斌. 收藏与展览是艺术博物馆的核心竞争力——以纽约大都会博物馆为例[J]. 中国博物馆, 2013（01）：6.

［6］陈玮. 美术馆路径空间中的情感体验——以中央美术学院美术馆为例[D].中央美术学院，2015.

［7］陈丹. 发挥国有美术馆优势　提升群众艺术教育[J]. 艺术教育, 2018（18）：140-141.

［8］戴光全，梁春鼎，陈欣. 基于扎根理论的节事场所与会展场馆场所依赖差异——以 2011 西安世界园艺博览会园区和琶洲国际会展中心为例[J]. 地理研究，2012，31（09）：1707-1721.

［9］丁家荣. 高校博物馆提高两个效益的思考[J]. 中南民族学院学报（哲学社会科学版），1996（02）：58-61.

［10］杜玉波. 高度重视，统筹推进，发挥高校博物馆育人功能[N]. 光明日报，2012-06-04（16）.

［11］冯志军. 第二次全国重点美术馆评估：以国家标准促进美术馆建设[R]. 中国文化报，2015-10-11（001）.

[12] 龚博. 菲茨威廉博物馆[J]. 科学大观园，2008（02）：30-32.

[13] 洪霞. 菲茨威廉博物馆：一座城市的荣耀[N]. 文汇报，2018-02-02（W12）.

[14] 黄海. 艺管前沿：建设新时代的美术馆——专访中华艺术宫执行馆长李磊[J]. 艺术管理，2019（01）：107-110.

[15] 黄小娇. 美国博物馆的非营利运营模式——以大都会艺术博物馆为例[J]. 博物馆管理，2020（03）：11.

[16] 刘鹏. 美国艺术博物馆中的私人捐赠[J]. 南京艺术学院学报（美术与设计版），2007（03）：47-50.

[17] 李沁. 英国城市文化复兴实例研究[D]. 同济大学，2008.

[18] 刘东锋. 谢菲尔德市利用大型体育赛事塑造城市形象的战略及启示[J]. 上海体育学院学报，2011，35（01）：30-33.

[19] 梁丹妮. 纽约大都会艺术博物馆理事会制度研究[J]. 上海文化，2014（3X）：4.

[20] 刘珩，黄杰斌，林少丽，等. 广东时代美术馆[J]. 城市环境设计，2016（04）：62-67.

[21] 马琳，李怡. 论美国博物馆经济的来源与构成[J]. 美术馆，2009（02）：12-21.

[22] 任国岩.长三角会展场馆空间集聚特征及影响因素[J]. 经济地理，2014，34（09）：86-92.

[23] 施昌奎.发达国家展览场馆运营管理模式及其启示[J]. 北京工商大学学报（社会科学版），2007（05）：62-65.

[24] 苏丹. 主流美术院校的"非主流"美术馆 中央美术学院美术馆[J]. 室内设计与装修，2008（09）：20-27.

[25] 苏于芬. 美术馆[D]. 南京艺术学院，2012.

[26] 王爱民. 中华艺术宫结构设计与节能设计剖析[J]. 中国科技投资，2017（28）：48.

[27] 许懋彦，张音玄，王晓欧. 德国大型会展中心选址模式及场馆规划[J]. 城市规划，2003（09）：32-39+48.

[28] 杨京波.会展场馆选择标准研究述评——基于会议策划者视角[J]. 旅游学刊，2013，28（12）：105-115.

[29] 杨曼. 基于居民感知的奥运会对非举办地城市影响研究[D]. 上海体育学院，2013.

[30] 刘鹏. 赢得观众的心：大都会艺术博物馆的公共教育策略探析[J].

中国美术，2015（1）：5.

[31] 袁瑾. 都市生活中的当代艺术与社会介入——关于广东时代美术馆的文化空间考察[J]. 文化研究，2017（04）：241-252.

[32] 张曙光. 英国谢菲尔德市体育场馆管理体制及运营情况[J]. 环球体育市场，2009（01）：44-45.

[33] 张兴华，李敦球. 一个博物馆就是一所大学校[N]. 中国教育报，2019-08-14（02）.

[34] 张诺然. 中国民营当代美术馆品牌建设与管理初探[D]. 中央美术学院，2016.

[35] 张惠瑶，贺鸣. 博物馆文创衍生品开发与知识产权保护问题研究[J]. 法制与经济，2016（04）：3.

[36] 张硕. 博物馆教育，释放公众的想象力和创造力——美国大都会艺术博物馆参观启示[J]. 走向世界，2018（04）：4.

[37] 甄梦晨，王飞，姜昂，等. 冬奥会场馆赛后利用经验与启示——以温哥华、索契、平昌冬奥会为例[J]. 体育文化导刊，2022（02）：14-21.

[38] 张瀚予. 20 世纪初美国艺术博物馆的理念与实践——以大都会艺术博物馆为例（1900—1910）[J]. 世界美术，2020（04）：6.

[39] 郑美艳. 我国公共体育场馆集团化托管运营模式研究——基于英国谢菲尔德国际设施管理集团运营案例[J]. 体育世界（学术版），2011（11）：80-82.

[40] 赵澄. 社区美术馆引领城市创意美学——广东时代美术馆传递社区生活新方式[J]. 艺术学界，2017（02）：278-283.

[41] 左正尧，林景然. 国际视野下高校美术馆的发展趋势[J]. 美术学报，2012（06）：122-127.

[42] 中央美术学院美术馆. 中央美术学院美术馆图集[EB/OL]. 北京：中央美术学院美术馆，2014-10-10[2020-6-20]. https://www.cafamuseum.org/gallery/activity.

[43] 中央美术学院. 百年校庆学术厚礼：《中央美术学院美术馆藏精品大系》发布[EB/OL]. 北京：中央美术学院，2018-05-29[2020-6-20].

[44] 庄瑜，裴沛颖. 牛津大学博物馆群的青少年科学教育之启发[J]. 科学教育与博物馆，2020（06）：140-145.